Politische Religion Oder Biblische Lehre Über Die Staaten...

Carl Ludwig von Haller

Nabu Public Domain Reprints:

You are holding a reproduction of an original work published before 1923 that is in the public domain in the United States of America, and possibly other countries. You may freely copy and distribute this work as no entity (individual or corporate) has a copyright on the body of the work. This book may contain prior copyright references, and library stamps (as most of these works were scanned from library copies). These have been scanned and retained as part of the historical artifact.

This book may have occasional imperfections such as missing or blurred pages, poor pictures, errant marks, etc. that were either part of the original artifact, or were introduced by the scanning process. We believe this work is culturally important, and despite the imperfections, have elected to bring it back into print as part of our continuing commitment to the preservation of printed works worldwide. We appreciate your understanding of the imperfections in the preservation process, and hope you enjoy this valuable book.

Politische Religion

oder

biblische Lehre

über die

Staaten.

Zusammengetragen und mit erläuternden Anmerkungen
versehen

von

Carl Ludwig von Haller.

Winterthur, 1811.
in der Steiner'schen Buchhandlung.

Vorrede.

Eigentlich sollte dieses Buch eher eine religiose Politik als eine politische Religion genannt werden, da nach dem falschen und verkehrten Begriff, den man gewöhnlich mit dem Wort „politisch" verbindet, keine Religion politisch seyn kann. Allein nach reifer Ueberlegung habe ich doch den lezteren Titel beybehalten, theils weil er für die Schwachen weniger abschreckend seyn dürfte, theils weil er doch auch in gutem Sinne gebraucht wird und endlich weil nach meinen Begriffen die politische Religion nichts anders ist als die Anerkennung des Göttlichen in der Natur der Staaten und in den geselligen Pflichten, die höchste Wahrheit, das höchste Gesetz, der höchste Glaube in politischen Dingen. Uebrigens ist das kleine Werk durch eine zufällige Veranlassung entstanden. Indem sein Verfaſſer neulich zu ſeiner eigenen Satisfaction und gleichſam nur aus hiſtoriſcher Neugierde die ganze heilige Schrift mit dem beſonderen Zwecke durchlas, zu erforſchen, was etwa in dieſer älteſten und unverfälſchten Urkunde des Menſchengeſchlechts über den Urſprung und die Natur der damaligen Staaten, über die Verhältniße, Rechte und Pflichten zwiſchen Fürſten und Untergebenen vorkomme und von den Ebräiſchen Weiſen ſey behauptet und gelehret worden: da erſtaunte er über den Reichthum, die himmliſche Einfalt, die treffende Wahrheit, den kraftvollen Ausdruck ſo vieler herrlichen Stellen, mit einem Wort über die Fülle und Tiefe von Weisheit, die auch in dieſer Hinſicht in jenem bewundernswürdigen Buche enthalten iſt. Beſonders war es ihm auffallend, wie ſehr dieſe Ausſprüche der Bibel mit dem Zeugniß der ganzen Natur, mit der Erfahrung aller Zeiten und Länder übereinſtimmen, wie dasjenige, was ſie als allgemeine Thatſachen oder als Regeln der Pflicht aufſtellt, noch jezt in der ganzen Welt besteht und (außer in Büchern) von allen Menschen für die Norm des Guten und Bösen, des Gerechten und des Ungerechten gehalten wird; während anderseits von allen unseren gangbaren Schulgrillen, von künstlichen Zusammentretungen, Socialcontracten, Staatszwecken, willkührlichen Constitutionen, Gewaltsübertragungen, Vertheilungen u. s. w. in der ganzen Bibel auch nicht eine Spur anzutreffen ist. Diese vollkommene Harmonie mit denjenigen Grundsätzen, welche der Verfasser theils über die natürliche Entstehung und das Wesen der Staaten, theils über die darin zu befolgenden Rechtsgesetze und Klugheitsregeln bereits auf anderem Wege entdeckt und bekannt gemacht hat, verschaffte ihm ein unnennbares Vergnügen, wie es nur derjenige fühlt, der selbstgefundne Grundwahrheit allenthalben im ganzen Universo, in allen Zungen und Sprachen erprobet und bestätigt sieht: denn keine Freude übertrifft die des Wahrheitsfreundes, wenn er nach redlichem Forschen die Gewißheit erhält, daß er sich nicht geirrt, sondern gleichsam das Wort Gottes selbst getroffen habe, und die Natur ihm antwortet: "Siehe! du hast Recht gesagt." Es hat also der Verfasser nicht für unwichtig gehalten, jene die Staaten betreffenden biblischen Stellen etwas vollständig auszuziehen, zur bequemern Uebersicht in eine natürliche Ordnung zusammenzustellen und zum besseren Verständniß seiner verschiedenen Leser mit einigen erläuternden Anmerkungen zu begleiten. *) Auch

*) Der Verfasser ist zwar nicht der erste, der auf diesen Gedanken gefallen. Es hat der berühmte Bossuet eine politique tirée des propres paroles de l'écriture sainte geschrieben, und neulich ist mir von einem gelehrten Freunde, der dieses mein Vorhaben billigte, des dänischen Canzlers Reinking biblische Policey, Frankf. 1681. in 4°, mitgetheilt worden, welches Werk zur Ehre der damaligen Zeit in fünf Editionen aufgelegt worden ist. Allein beyde an sich vortreffliche Bücher sind nicht nur jetzt den meisten unbekannt, sondern sie haben auch bey ähnlichen Grundsätzen einen ganz anderen Gesichtspunkt und Zweck; sie sind nicht der jezigen, sondern nur dem Bedürfniß der damaligen Zeit angepaßt, wo die Hauptpunkte nicht bestritten, nicht alle Fundamente über den Haufen geworfen wurden: sondern den Fürsten und Völkern, nebst dem allgemeinen Gesetz der Gerechtigkeit, nur Liebespflichten und Klugheitsregeln einzuschärfen waren.

scheint ihm es könnte dieses kleine Werk nicht ohne Nutzen als eine Art von politischem Catechismus in den Schulen gebraucht werden. Hätte man diese Grundsätze nur vor 25 oder 30 Jahren mit aller Autorität der Religion vorgetragen, bewiesen, entwickelt, wie viel Böses würde nicht verhindert worden seyn? Wie viele sonst gutgesinnte Menschen wären nie in entgegengesezte Irrthümer gefallen, wie viele davon zurückgekommen, die ihnen nur deßwegen anhiengen, weil sie nichts besseres wußten! Wie viel können sie nicht selbst jezt nützen, wo noch so viele Schlaken der Revolution übrig bleiben, wo ihre Grundsätze in den Köpfen nichts weniger als ausgerottet sind, und wo man von denselben in der Praxis selbst nicht alles Falsche und Verderbliche, sondern nur das Unmögliche und Unausführbare verlassen hat. Daß der Text der heiligen Schrift in dieser kleinen Sammlung unverstümmelt, ohne Auslassung, noch Reticenzen angeführt sey: davon wird sich bey der Vergleichung mit dem Original jeder selbst überzeugen können. Es hätte der Verfasser solche Treulosigkeit, die er wohl anderswo angetroffen, für eine Verletzung seiner heiligsten Pflicht gehalten. Die Noten hat er zwar vorzüglich nur für Ungelehrte bestimmt, als denen diese Schrift häufiger in die Hände fallen dürfte; doch schmeichelt er sich, daß auch Gelehrtere sie nicht ohne Befriedigung lesen und wenigstens darin manchen neuen Gesichtspunkt, manche natürlichere und ungezwungene Auslegung oder Anwendung finden werden, die ihnen sonst entgangen wäre. Viele dürften sich vielleicht verwundern, daß so vieles, und weit mehr als sie geglaubt hätten, in der Bibel zu finden ist, wofern man sie nur zu lesen versteht. Wie war es doch möglich, daß man ihren klaren und einfachen Stellen oft einen so wunderlichen Sinn andichtet, der keineswegs in denselben liegt? Glaubt man das Ansehen der Religion und der Bibel dadurch zu heben, daß man sie durch verkehrte Auslegung um ihre Glaubwürdigkeit bringt, der allgemeinen Evidenz, dem Ausspruch der Natur selbst widersprechen läßt, und gleichsam Gottes Wort dem Worte Gottes entgegensezt? Wissen die Gelehrten nicht mehr was göttlich ist, haben sie dafür keinen Sinn? Warum soll die Bibel gezwungener Weise immer etwas anderes sagen, als was die ganze äußere und innere Natur, die Erfahrung aller Zeiten und Länder noch jezt vor unseren Augen zeuget, da der Charakter ihrer Göttlichkeit gerade darin besteht, daß sie uns die Ordnung Gottes zeigt und offenbaret, wie sie allenthalben ist, gewesen ist, seyn soll, ewig seyn wird, und wie sie seyn würde, auch wenn diese heiligen Bücher für' uns verloren gegangen wären. Wie anspruchlos und auffallend wahr sind nicht die häufigen Stellen, welche den Ursprung der oberkeitlichen und jeder anderen Macht von Gott selbst herleiten; ein Satz, für welchen man gewöhnlich nur den einzigen, etwas dunklen Spruch aus Röm. XIII. anzuführen pflegte. Wie klar und deutlich wird er nicht durch den Paralellismus oder die Vergleichung mit so vielen anderen ähnlichen Stellen, und muß man sich nicht verwundern, daß er demungeachtet so oft mißverstanden, so gezwungen ausgelegt worden ist, oder gar mit eben so viel Vermessenheit als Unwissenheit hat geläugnet werden dürfen? Wie einfach wird nicht der natürliche Ursprung der Gerichtsbarkeit dargestellt, für welchen man sonst immer eine Verlassung der Natur, künstliche Verabredungen und Einrichtungen vorauszusetzen oder erschaffen zu müssen glaubte? Wie unnachahmlich schön und vollständig sind nicht die wechselseitigen Pflichten der Fürsten und Unterthanen gegeneinander ausgedrückt? wie leicht wären sie zu erfüllen, und welchem Menschen bliebe noch etwas zu wünschen übrig, wenn sie ganz befolget würden? Da werden auch bloße Rechtsschuldigkeiten, Liebespflichten und Klugheitsregeln zwar nicht verwechselt und untereinander geworfen, aber auch nicht wie in unseren armseligen Systemen naturwidrig von einander getrennt, sondern wieder in ein schönes Band zusammengeknüpft. Wie treffende Aufschlüße giebt sie nicht über so viele für schwierig gehaltene Gegenstände, welche die Köpfe der berühmtesten

Staatslehrer beschäftiget, entzündet und verwirret haben, ohne daß sie je von ihnen aufgelöst worden seyen? Wie herrlich und kraftvoll sind endlich die Regeln, welche für die Erhaltung der christlichen Kirche, für die Bekämpfung falscher Lehren und für den Triumph der Wahrheit und Religion gegeben werden, also daß sie nicht bloßes unfruchtbares Privatwissen bleibe, sondern das Gesez aller Menschen, der kleinen wie der großen, der mächtigen wie der schwachen werde, und über die Thronen wie über die Hütten herrsche. Hätte man diese Regeln nur einiger Maßen befolgt, nie würde es mit den Irrthümern unserer Tage so weit gekommen seyn! Ja! die Religion, wie die gesunde Vernunft, gebietet den Krieg des Guten gegen das Böse, der Wahrheit gegen Tand und Trug; denn solcher Krieg ist wahre Nächstenliebe, er ist der lebendigste Beweis von der Liebe Gottes und seiner Gesetze. Auch soll dieser Krieg nie aufhören, sondern fortwähren so lang die Welt dauert, weil hier immer neue Feinde auftreten, der Gegner selbst in unser Inneres schleicht, und Sorglosigkeit hier wie anderswo der Anfang alles Verderbens wäre. Was ist unsere Bestimmung, was ist das Leben des Tugendhaften anders, als ein ewiger Kampf gegen äußere und innere Hinderniße der Wahrheit und der Pflicht! Möge demnach auch dieser kleine Beytrag, von göttlichem Segen begleitet, zum Sieg des Guten dienen! Möge derselbe den Wahrheitssinn und den Pflichteifer der Menschen in ihren geselligen Verhältnißen wecken, beleben, befestigen, die Natur vieler Dinge besser kennen lehren, zur Ausrottung eingewurzelter Irrthümer beytragen, und vorzüglich die Hochachtung und Verehrung jenes heiligen Buches erneuern, welches in mehr als einer Rücksicht göttlich genannt zu werden verdient, in dem die größten Männer aller Zeiten Nahrung des Geistes, Befriedigung der Seele fanden, und welches, wenn es auch nicht die Quelle unserer Religion wäre, schon deßwegen bewundert werden müßte, weil es an Reichthum, Erhabenheit und Richtigkeit der Gedanken, an Mannigfaltigkeit der Anwendungen und an Schönheit und herzergreifender Einfalt des Ausdrucks seines Gleichen in der ganzen Welt nicht hat.

Der Verfasser.

§. 1.

Von dem Staatsrecht überhaupt.

Höret, denn ich will reden was Fürstlich ist, und lehren was Recht ist. Sprüchw. Sal. VIII. 6. [1]

Der Stein, den die Bauleute verworfen haben, ist zum Eckstein worden. Luc. XX. 17. [2]

1) Die Lehre von den Staaten besteht nothwendig in zwey Theilen: 1° In der Kenntniß der Sache, was Staaten und Fürsten seyen, wie sie entstehen und wieder vergehen u. s. w. (der Rede was Fürstlich ist). 2° In der Anwendung des natürlichen Gesetzes auf dieselben, (der Lehre was Recht sey), was in denselben nach ihrer verschiedenen Natur gethan werden dürfe oder unterlassen werden solle, wenn man die Gerechtigkeit befolgen will. Beydes zusammen und mit einander vereinigt macht die Wissenschaft aus, welche man Staatsrecht nennt.

2) Es kömmt zulezt doch wieder auf den alten Grundsatz heraus, daß die Macht der Herrschenden von Gott komme, und das Gesetz, welches diese Macht zügeln und leiten soll (das Recht), ebenfalls von Gott. Jene ist durch die äußere, dieses durch die innere Natur (die ins Herz geschriebene Regel)

Denn es stehet geschrieben: Ich will zu nichte machen die Weisheit der Weisen, und den Verstand der Verständigen will ich verwerfen. Wo sind die Klugen? Wo sind die Schriftgelehrten? Wo sind die Weltweisen? Hat nicht Gott die Weisheit dieser Welt zur Thorheit gemacht? 1 Corinth. I. v. 19-20. [3)]

von selbst gegeben. Dieser Fels, den die Philosophen verworfen hatten, ist zum Eckstein der ganzen Wissenschaft worden.

3) Die Wahrheit liegt gewöhnlich vor Augen und wäre so leicht zu finden, wenn man sie aufrichtig sucht. Aber die Weisen dieser Welt übersehen sie meistentheils, weil sie nichts Neues und Auffallendes an sich hat. Sie verschmähen das bescheidene Veilchen, das am Wege blüht, um in naturwidrigen Sophistereyen Dornen und Disteln zu suchen. Sie durchlaufen alle möglichen Irrthümer, bis zulezt einer kömmt, der durch Zufall zur Beobachtung gewekt, oder innerlich durch den Funken eines göttlichen Lichts entzündet, die Ordnung Gottes rettet und aberwitzige Menschen-Grillen zu Schanden macht. Wo sind jezt die Aufgeklärten, die Philosophen des 18ten und selbst des 17ten Jahrhunderts? Wo sind ihre gepriesenen neuen Grundsätze über die Staaten? Hat nicht die Natur der Dinge alle diese Theorien Lügen gestraft? sind sie nicht ein Spott aller Verständigen, ein Greuel aller Rechtschaffenen geworden?

§. 2.
Allgemeinheit, Nothwendigkeit und Unabänderlichkeit des natürlichen Staatsrechts.

Was er ordnet, das ist löblich und herrlich und seine Gerechtigkeit bleibet ewiglich. 4) Pf. CXI. 2 — 3.

Was ist's, das geschehen ist? Eben das hernach geschehen wird. Was ist's, das man gethan hat? Eben das man hernach wieder thun wird. Und geschieht nichts Neues unter der Sonne. 5) Pred. Sal. I. 9.

Ich merkete, daß alles was Gott thut, das bestehet immer; man kann nichts dazu thun noch abthun. 5 b) Ebendas. III. 14.

§. 3.
Ursprung der Herrschaft.

(Durch Ueberlegenheit an Macht.) Fleißige Hand wird herrschen; die aber läßig ist, wird müssen zinsen. Sprüchw. Sal. XII. 24.

4) Die Gerechtigkeit der Menschen hingegen, die zufälligen und positiven Gesetze, wechseln alle Tage.

5) Die Thatsachen bleiben ihren wesentlichen Eigenschaften nach auch immer dieselben; die eigentliche Natur der Staaten, z. B. die Art ihres Ursprungs u. s. w., ist noch immer die nämliche, wie sie es vor Jahrtausenden gewesen.

5 b) Die natürlichen Gesetze sind ewig, unabänderlich, es ist unmöglich sie abzuschaffen.

Der Reiche herrschet über den Armen, und wer borget ist des Lehners Knecht. Sprüchw. XXII. 7.

Die Starken (Gesunden) bedürfen keines Arztes, sondern die Kranken. Marc. II. 17. Luc. V. 31. 6)

Und verheissen ihnen Freyheit, so sie doch Knechte des Verderbens sind. Denn von welchem jemand überwunden ist, deß Knecht ist er worden. 2 Petr. II. 19. 7)

6) Alle Herrschaft ist also durch Ueberlegenheit an einer nüzlichen Kraft, alle Abhängigkeit durch ein Bedürfniß gegeben oder veranlasset. Jene dauert nicht länger als die Ueberlegenheit, diese nicht länger als das Bedürfniß fortdauert. Das Kind wird frey, wenn es sich selbst nähren kann, der Gesell wenn er Meister, der Kranke wenn er gesund wird; und so kann man auch in höheren Verhältnißen durch nüzliche Kräfte und rechtliche Mittel zur vollkommenen Unabhängigkeit gelangen. Daß man doch diese freundliche Ordnung Gottes nicht anerkennen will!

7) Man kann auch gerechter Weise überwunden werden: 1° in geistigem Sinn durch Belehrung und Ueberzeugung der Wahrheit; 2° in physischem Sinn, wenn durch Beleidigungen eine Ursache zu gerechtem Krieg oder zur Strafe gegeben worden. Alsdann muß der Besiegte dienen oder nachgeben, um größere Uebel zu verhüten, und ihm geschieht

§. 4.
Die Macht kömmt von Gott.

Dein ist Reichthum und Ehre dir, du herrschest über alles; ³) in deiner Hand stehet Kraft und Macht. In deiner Hand stehet es, jemand groß und stark zu machen. 1 Chron. XXX. 12.

Fleuget der Adler aus deinem (der Menschen) Befehl so hoch, daß er sein Nest in die Höhe machet. Hiob XXXIX. 27.

kein Unrecht. Aber in allen Fällen ist es wahr: von welchem jemand überwunden ist, des Knecht ist er worden. Die Revolutions-Prediger unserer Zeit waren sie nicht Geistes-Sklaven, Knechte ihrer Grundsätze oder derer, die sie zuerst ausgesprochen hatten? Und die Verblendeten, durch Scheigründen Betrogenen, wurden sie nicht sogleich die Knechte ihrer Verführer?

3) Sind wir nicht alle ohne Ausnahme Knechte Gottes, seinen Naturgesetzen zwingend, seinen Pflichtgesetzen mit heiliger Verbindlichkeit unterworfen? In ersterer Rücksicht kann, in lezterer soll man sich seinen Gesetzen nicht entziehen. Sie sind ebenfalls von höherer Macht gegeben (in das Gemüth gegraben) und ihre Verletzung zieht natürliche Strafen (üble Folgen), ihre Befolgung Belohnungen nach sich.

B

Der Herr schaffet Gerechtigkeit und Gericht allen, die Unrecht leiden. Pſ. CIII. 6. 9)

Er ändert Zeit und Stunde, er ſetzet Könige ab und ſetzet Könige ein. Dan. II. 21. 10)

Nehmet zu Ohren, die ihr über viel herrſchet, die ihr erhaben ſeyd über den Völkern. 11) Denn Euch iſt die Obrigkeit gegeben vom Herrn und die Gewalt vom Höchſten; welcher wird fragen, wie ihr handelt, und forſchen was ihr ordnet. Denn ihr ſeyd ſeines Reichs Amtleute, 11 b) aber ihr führet euer Amt nicht fein und haltet kein Recht und thut nicht nach dem, das der Herr

9) Eben dadurch, daß er verſchiedene Kräfte, Mächtige und Schwache ſchuf, und die Erſteren von den Leztteren um Hülfe angerufen werden können.

10) Er ſchaffet Umſtände und Gelegenheiten, wodurch die einen mächtig, die anderen ſchwach, die einen frey, die anderen dienſtbar werden.

11) Erhaben ſeyd, mithin nicht von den Völkern über ſich ſelbſt erhoben und hinaufgeſetzt worden.

11 b) Werkzeuge zur Handhabung ſeines Geſetzes der Gerechtigkeit und Liebe, weil ihr zu beyden mehr Mittel habet. Denn in der Herrſchaft jenes Geſetzes beſteht das Reich Gottes.

gebeut. 12) B. d. Weish. VI. 3—5. vergl. mit v. 6—9.

In allen Landen hat er Herrschaften geordnet. 13) Sirach XVII. 14.

(Die Privatmacht ist auch von Gott.) Denn der, so aller Herr ist, wird keines Person fürchten noch die Macht scheuen. Er hat beyde die Kleinen und Großen gemacht 14)

12) Es ist bemerkenswerth, daß hier und anderswo der Satz, daß die Macht der Fürsten von Gott sey, in Verbindung mit dem Tadel ihrer Handlungen gesetzt wird, und also gar nicht, wie man wähnte, die Ungerechtigkeit begünstiget. Gerade weil die Macht von Gott ist, so soll sie auch nach göttlichen (natürlichen) Gesetzen ausgeübt werden, (so wie man menschliche Aemter auch nach dem Willen derjenigen ausübt, die sie ertheilt haben.)

13) Durch die Ordnung der Natur, durch die Verschiedenheit der menschlichen Kräfte und Bedürfnisse.

14) Hier hat man also den wahren Sinn aller dieser und ähnlicher Stellen. Die Macht der Fürsten ist von Gott in keinem andern Verstand, als wie die Kräfte und Talente der Privatpersonen auch. Leztere werden ebenfalls in der Bibel ein anvertrautes Pfund (Amt) genannt.

und forget für alle gleich. 15) B. der Weish. VI. 9.

Ehre den Arzt mit gebührlicher Verehrung, daß du ihn habest zur Zeit der Noth. Denn der Herr hat ihn geschaffen 16) und die Arzney kommt von dem Höchsten 17) und Könige ehren ihn. 18) Sirach XXXVIII. 1—2.

Denn es ist keine Obrigkeit ohne von Gott. Wo aber eine Obrigkeit ist, die ist von Gott verordnet. Röm. XIII. 1.

Denn durch ihn ist alles geschaffen, das im Himmel und auf Erden ist, das Sichtbare und das Unsichtbare, beydes die

15) Er hat allen das nemliche Gesetz gegeben niemand zu beleidigen und anderen zu nützen, so viel man kann. Gott, d. h. göttliche Gebote, zu lieben und seinen Nächsten wie sich selbst.

16) Die erste Einsicht kömmt ursprünglich von Gott, durch angebornes von ihm gegebenes Genie und Beobachtungsgeist. Andere haben sie mittelbar durch Belehrung von jenen. Aber die natürliche (die göttliche) ist immer die beßte.

17) Von der Natur als seiner Schöpfung.

18) Sie sind selbst von ihm durch ihr Bedürfniß abhängig und befolgen seine Gebote.

Thronen und Herrschaften und Fürstenthümer und Obrigkeiten: es ist alles durch ihn und zu ihm geschaffen. [19] Coloss. I. 16.

§. 5.
Souverainität oder höchste Gewalt.

(Erklärung derselben.) So wirst du vielen Völkern leihen und du wirst von niemand borgen. Du wirst über viele Völker herrschen und über dich wird niemand herrschen. [20] 5 B. Mos. XV. 6. XXVIII. 12.

Und der Herr wird dich zum Haupt machen und nicht zum Schweif, und wirst oben schweben und nicht unten liegen, darum

---

[19] Durch seine Natur-Anstalten und zur Befolgung seiner Pflicht-Gesetze — von seiner Macht und zu seinen Zwecken. Das Sichtbare ist für das Unsichtbare gegeben.

[20] Also besteht sie blos in der Unabhängigkeit, in dem höchsten Glücksgut der Oberste zu seyn und niemand zu dienen. Dieses Glücksgut muß auf gerechte Weise (nach göttlichen Gesetzen) erworben werden, aber die Rechte und Pflichten gegen die Untergebenen bleiben die nämlichen, wie sie vorher gewesen und wie sie seyn würden, wenn man auch nicht der Oberste wäre.

daß du gehorsam bist den Geboten des Herrn deines Gottes. 5 B. Mos. XXVIII. 13.

Und er (Salomo) war ein Herr [21] über alle Könige [22] vom Wasser an (vom Euphrat) bis an der Philister Land und bis an die Gränze Egypti. 2 Chron. IX. 26.

Gerechtigkeit war mein Kleid, das ich anzog wie einen Rock, [23] und mein Recht war mein fürstlicher Hut. [24] Hiob XXIX. 14.

[21] Also nicht ein Beamter, wobey die anderen die Herren wären.

[22] Könige nannte man nach damaligem Sprachgebrauch auch andere Herren, die hinwieder ihre Untergebenen haben, wenn sie auch schon für sich einen Oberen erkennen, große Gutsbesitzer u. s. w. Wir sehen ja das nämliche Verhältniß auch in unsern Tagen. Die obersten Herren hießen zum Unterschied bisweilen Groß-Könige, so wie wir auch von kleinen und großen Herren zu reden pflegen.

[23] Die eigene Ausübung der Gerechtigkeit ist der beßte Schutz gegen Feindschaften und Beleidigungen von andern Menschen. Sie schirmt wie ein Rock vor dem Ungewitter.

[24] Meine vollkommene Freyheit oder Unabhängigkeit aus der alle anderen Befugniße fließen.

§. 6.
Grundherrliche Staaten. [25]

Da das Jahr um war, kamen sie (die Egypter) zu ihm (Joseph) im andern Jahr und sprachen zu ihm: Wir wollen unserm Herrn nicht verbergen, daß nicht allein das Geld, sondern auch alles Vieh dahin ist, zu unserm Herrn, und ist nichts mehr übrig für unsern Herrn, denn nur unsre Leiber und unser Feld. [26]

[25] Man nennt Grundherrliche Staaten diejenigen, wo die Macht oder Herrschaft auf dem Besitz eines Grundeigenthums, die Dienstbarkeit oder Abhängigkeit hingegen auf dem Bedürfniß von Nahrung und Wohnung auf fremdem Boden beruht. Dergleichen Grundherren waren alle die kleinen Könige oder Patriarchen, von denen das alte Testament redet. Auch jeder Landbesitzer hat im Kleinen eine solche Grundherrschaft über sein Land und seine Leute, nur daß sie wegen Mangel an Unabhängigkeit nicht ein Staat genannt wird.

[26] Wir haben dir nichts mehr zur Sicherheit oder zum Pfand zu geben als unseren Leib und unsere Arbeit.

Die Leibeigenschaft, ein milderer Grad von beständiger Dienstbarkeit, ist zwar kein gewöhnlicher Zustand. Wir haben meist nur zeitliche, bestimmte Dienstverträge, die beyderseitig aufge-

Warum lässest du uns vor dir sterben und unser Feld? Kaufe uns und unser Land ums Brod, daß wir und unser Land leibeigen seyen dem Pharao; gieb uns Saamen, daß wir leben und nicht sterben und das Feld nicht verwüste.

Also kaufte Joseph dem Pharao das ganze Egypten. Denn die Egypter verkauften ein jeglicher seinen Acker, denn die Theurung war zu stark über sie. Und ward also das Land Pharao eigen. 27)

Ausgenommen der Priester Feld, das kaufte er nicht; denn es war von Pharao für die Priester verordnet, daß sie sich nähren sollten von dem benannten, das er ihnen gegeben

sagt werden können. Inzwischen ist sie doch in außerordentlichen Fällen rechtmäßiger Weise möglich durch Kriegsgefangenschaft, Verbrechen (zur Strafe), unzahlbare Schulden, und äußerste Armuth, wo man für sicheres Brod beständigen Dienst verspricht. So wie sie hier in Egypten entstand, so ist sie auch in späteren Zeiten häufig in Europa entstanden. Man hat noch die Urkunden solcher Verträge, die beynahe mit gleichlautenden Worten abgefaßt sind. In der Folge ward sie durch christliche Liebe gemildert oder aufgehoben.

27) Er ward Eigenthümer des Landes, was er vorher nicht oder nur zum Theil gewesen.

13

hatte, darum durften sie ihr Feld nicht verkaufen.

Da sprach Joseph zu dem Volk: Siehe, ich habe heute gekauft euch und euer Feld dem Pharao: siehe, da habt ihr Saamen und besäet das Feld.

Und von dem Getreide sollt ihr den Fünften Pharao geben; vier Theile sollen euer seyn, zu besäen das Feld zu eurer Speise und für euer Haus und Kinder. [28]

Sie sprachen: Laß uns nur leben und Gnade vor dir, unserem Herren, finden, wir wollen gern Pharao leibeigen seyn. [29] 1 B. Mos. XLVII. v. 18—25.

§. 7.
Kriegs-Recht.

(Dispensationen vom Kriegsdienst.) Wenn jemand neulich ein Weib genommen hat, der

---

[28] Welcher Pächter oder Lehenmann würde nicht noch heut zu Tag gern einen solchen Accord abschließen, wo er nur den fünften Theil des Abtrags hergeben, die übrigen vier Fünftheile aber für sich und die Seinigen behalten könnte. Viele ältere Lehen-Accorde, über die man sich so sehr beklagt hat, waren eben so billig abgefaßt.

[29] Ihm dienen und arbeiten, auch ohne seine Bewilligung nicht weggehen; denn darin allein besteht

soll nicht in die Heerfahrt ziehen und man soll ihm nichts auflegen. Er soll frey in seinem Hause seyn ein Jahr lang, daß er fröhlich sey mit seinem Weibe, das er genommen hat. 30) 5 B. Mos. XXIV. 5.

Eben so werden dispensirt diejenigen, so ein neu Haus gebaut und noch nicht eingeweihet, oder neuerlich einen Weinberg gepflanzt haben. 5 B. Mos. XX. 5—6.

(Furchtsame braucht man nicht im Krieg.) Und die Amtleute sollen weiter mit dem Volke reden und sprechen: Welcher sich fürchtet und ein verzagtes Herz hat, der gehe hin und bleibe daheim, auf daß er nicht auch seiner Brüder Herz feige mache, wie sein Herz ist. 5 B. Mos. XX. 8.

§. 8.
Hospitalität gegen Fremde.

Den Fremdling, der in deinem Lande wohnen wird, sollt du nicht schinden. Er soll bey

die Leibeigenschaft und nicht in der Ungerechtigkeit oder dem Mißbrauch der Gewalt.

30) Wie menschlich und freundlich! Man führte damals das Wort Menschlichkeit oder Humanität nicht immer im Mund, trug aber dafür die Tugend desto mehr in seinem Herzen.

euch wohnen wie ein Einheimischer unter Euch, und sollt ihn lieben wie dich selbst, [31] denn ihr seyd auch Fremdlinge gewesen in Egyptenland. [32] 3 B. Mos. XIX. 33.

§. 9.
Hofstaat.
(Besteht aus Dienern des Königs für seine Person und Güter.)

Den Hofstaat von David, s. 1 Chron. XIX. 15, und Cap. XXVIII; von Salomo 1 Kön. IV. [33]

31) Wie sehr ist nicht dieses gerechte und liebreiche Gesez in unseren Tagen vergessen worden! Wenn man eine Vergleichung anstellen wollte, wie die Fremden nur noch vor 30 Jahren aufgenommen wurden und wie sie jezt in allen Ländern behandelt werden, man würde es nicht glauben können. Darum ist auch keine Liebe mehr unter Benachbarten!

32) Jeder soll denken, daß er auch in fremden Landen gewesen ist oder in solche kommen kann, und gern hat, wenn er freundlich aufgenommen, auch weder geschunden noch geplaget wird.

33) Er bestand wie bey anderen Königen aus Hofbeamten, Canzlern, Schreibern (Ministern), Hofmeistern, Rent- und Schazmeistern, Domainen-Verwaltern (Obersten über die Güter des Königs) Feld-

§. 10.
Gnaden- und Gunstbezeugungen.

Hierüber ist merkwürdig das Gleichniß von den Arbeitern im Weinberg, von denen die erstern mit dem Hausherrn um einen Groschen Taglohn einig geworden waren, und sich nachher beklagten, daß er den später Gekommenen eben so viel gab.

„Er antwortete aber und sagte zu einem unter ihnen: Mein Freund, ich thue dir nicht unrecht. Bist du nicht mit mir eins worden um einen Groschen.

Nimm was dein ist und gehe hin. Ich will aber diesem Letzten geben gleichwie dir.

Oder habe ich nicht Macht zu thun was ich will mit dem Meinen? Siehest du darum scheel, daß ich so gütig bin." Matth. XX. 12—15. 34)

hauptleuten und ihren Untergeordneten, Leibgarden (Crethi und Plethi), Amtleute in den einzelnen Distrikten, die für den König zu sorgen hatten u. s. w. Es ist keine Spur, daß sie sogenannte Staats-Beamte gewesen in dem Sinne, daß sie die Sache der Nation zu verwalten gehabt hätten u. s. w. Sie waren alle nur in des Königs Dienst und wie die Diener anderer Menschen nur für seine Geschäfte bestimmt, woher auch kommt, daß er sie ernennt, besoldet, instruirt u. s. w.

34) Kein Rechtsgelehrter könnte bestimmter und zu-

§. 11.
Gerichtsbarkeit.

(Recht und Pflicht dazu.) Schaffet Recht den Armen und den Waysen, helfet den Elenden und Dürftigen zum Recht. Errettet den Geringen und Armen und erlöset ihn von der Gottlosen Gewalt. Ps. LXXXII. 3. 35)

gleich populärer reden. Aus eigenem Gut kann man freygebig seyn und Gnaden- oder Gunstbezeugungen erweisen, so viel man will, ohne daß man schuldig sey, es gegen alle zu thun. Darüber haben sich andere nicht zu beklagen. Die Gerechtigkeit fordert nur, daß ihnen gelassen oder gegeben werde, was das Ihrige ist.

35) Die Gerichtsbarkeit ist eine Hülfleistung zum Recht für denjenigen, der sich nicht selbst helfen kann. Sie ist an und für sich allen Menschen erlaubt, aber wegen Mangel an Kräften nur von Wenigen auszuüben möglich. Die Bibel stellt sie als eine der ersten Pflichten der Könige auf, weil diese wegen ihrer Macht gegen alle helfen können; ja sogar (in Hinsicht auf ihre Unterthanen) beynahe als die einzige, während sie hingegen von der unnöthigen Gesetzgebung über alles und jedes, von der Regiererey aller Privathandlungen, der Erziehung, des Ackerbaues, des Handels u. s. w., die ohne fremde Einmischung viel besser gedeihen, gar nichts spricht. Diese Rechtschaffung soll

Errette den, dem Gewalt geschieht von dem, der ihm Unrecht thut, und sey unerschrocken, wenn du urtheilen sollst. Sirach IV. 9. 36)

vorzüglich den Armen und Waysen, den Elenden und Dürftigen (als den Hülflosesten) geleistet werden; nicht als ob den Uebrigen nicht ebenfalls Recht gebührte, sondern weil diese sich gewöhnlich selber helfen können. In der ganzen Bibel ist kein Wort von einer verbotnen Selbsthülfe gegen Unrecht enthalten. Damals glaubte noch niemand, daß man die von Gott erhaltenen Kräfte nicht zur Handhabung seines Gesetzes gebrauchen dürfe. Unsere neuen Weisen hingegen wollen den Fürsten und Obrigkeiten das Recht entreissen die schönste aller Pflichten, die Gerichtsbarkeit, auszuüben, und wegen ihren weitläufigen Formen, vielen Schrebereyen, Kosten und Sporteln, die sie in ihren Theorien als nothwendige Rechtsmittel aufstellen, kann beynahe nur der Reiche Recht erhalten. Die Prozeße, das einzige Sicherheitsmittel, auf welches sie uns beschränken, sind zu einer neuen Calamität geworden.

36) Diese Pflicht wird unter allen übrigen Wohlthätigkeitspflichten, des Allmosengebens, des Tröstens, der Sorgfalt für die Waysen u. s. w. aufgezählt. In der That ist die Gerichtsbarkeit nichts anders als eine Hülfleistung zu gerechten Sachen, und diese Hülfleistung ist eine Liebespflicht, um desto verbindlicher, je mehr Macht man besitzt, um sie zu erfüllen.

(Eigene Ausübung derselben.) Also ward David König über ganz Israel und er schaffete Recht und Gerechtigkeit allem Volk. 2 Sam. VIII. 15.

Und er (Simon Maccabäus) hielte Recht im Land und schützete die Armen unter seinem Volk wider Gewalt und strafete alles Unrecht und vertilgete die Gottlosen. 1 B. Maccab. XIV. 14. 37)

(Einsetzung der Unterrichter vom Landesherrn.) Denn wo sie was zu schaffen haben, kommen sie zu mir (Moses), daß ich richte zwischen einem jeglichen und seinem Nächsten; und zeige ihnen Gottes Rechte und seine Gesetze. 38)

37) Lauter Beweise, daß schon die ältesten Könige die Gerichtsbarkeit ausgeübt haben, und zwar oft in eigener Person, nicht durch Beamte. Das nämliche thaten alle Könige des Erdbodens zu allen Zeiten, und man hielt es stets für eine ihrer schönsten Eigenschaften. Es bedurfte des Unsinns des 18ten Jahrhunderts, um das Gegentheil zu behaupten oder als Regel aufzustellen.

38) Also das natürliche (göttliche) Gesetz, angebornes Recht und Billigkeit, nicht blos geschriebene Menschen-Satzungen. Unsere neuen Pharisäer und Schriftgelehrten finden dieses gar entsezlich. Das ewige, göttliche, jedermann bekannte Gesetz, das

Sein Schwäher sprach zu ihm: es ist nicht gut, das du thust.

Du machest dich zu müde, darzu das Volk auch, das mit dir: das Geschäfte ist dir zu schwer, du kannst es allein nicht ausrichten.

Siehe dich aber um unter allem Volk, nach redlichen Leuten, die Gott fürchten, wahrhaftig und dem Geiz feind sind, [39] die

einzige, was nicht vom Willen der Menschen abhängt, nennen sie Willkühr, und das menschliche Gebot, das eigentlich Willkührliche, das alle Tage wechselt und wechseln kann, geben sie für das alleinige Recht und Gesetz aus. „Da sie sich für Weise hielten, sind sie zu Narren worden." Röm. I.

[39] In diesen drey Worten sind alle wesentlichen Eigenschaften guter Richter enthalten. Gott zu fürchten, d. h. das natürliche (göttliche) Gesetz mit Ehrfurcht im Herzen tragen; die Wahrheit lieben, die Natur der Sache, um die es zu thun ist, genau kennen zu lernen und ihr Verhältniß zu dem Gesetz wahrhaft zu beurtheilen; dem Geiz feind seyn, sich nicht durch Eigennutz von der Wahrheit und Gerechtigkeit abwendig machen, selbst gerechte Hülfe nicht erkaufen zu lassen: das macht den guten Richter aus; andere weitläufige Gelehrsamkeit braucht es dazu gar nicht, es mögen auch prozeßsüchtige Krummgelehrte dawider sagen was sie wollen.

setze über sie, etliche über 1000, etliche über 100, über 50 und über 10.

Daß sie das Volk allezeit richten; wo aber eine große Sache ist, daß sie dieselbe an dich bringen und sie alle geringe Sachen richten, so wird dirs leichter werden und sie mit dir tragen. 40)

Mose gehorchte seines Schwähers Worten und that Alles, was er sagte. 2 B. Mos. XVIII. 16, 17, 18, 21, 22, 24.

Wie kann ich allein solche Mühe und Last und Hader von Euch ertragen.

Schaffet her weise, verständige und erfahrne Leute unter Euern Stämmen, die will ich über Euch zu Häuptern setzen. 5 B. Mos. I. 16—17.

(Instruction der Unterrichter von dem Landesherrn mit Gesetzen und Prozeßform.) Und stelle ihnen Rechte und Gesetze, daß du sie lehrest den

---

40) Auf die nämliche Art sind alle Gerichte und unteren Instanzen in allen Ländern entstanden. Sie sind nur zur Erleichterung des Landesherrn als des obersten und ursprünglich einzigen Richters geschaffen. Daher kömmt es auch, daß er sie ernennt, und daß die Gerichtsbarkeit in seinem Namen ausgeübt wird ꝛc.

Weg den sie wandeln, und die Werke die sie thun sollen. 41) 2 B. Mos. XVIII. 20.

Und gebot Euern Richtern zur selben Zeit und sprach: Verhöret Euere Brüder und richtet recht zwischen jedermann und seinem Bruder und dem Fremdlinge. 42) 2 B. Mos. I. 16.

41) Unterrichter, von einem obersten eingesetzt, erhalten natürlicher Weise von dem lezteren Gesetze (Instruktionen), während Moses, als der oberste, nur nach den natürlichen (göttlichen) Gesetzen urtheilte. Jene Instruktionen gehen eigentlich nur die Richter an. Sie bestehen vorzüglich in der vorgeschriebenen Prozeßform (dem Weg den sie wandeln) und der Weisung, nach den Rechten der Parteyen (nach Titel und Verträgen) zu urtheilen, Verbrechen so oder anders zu strafen u. s. w. (den Werken die sie thun sollen.) Das ist der Ursprung der positiven Strafgesetze und der Gerichts-Satzungen, welche man jezt unrichtiger Weise Civilgesetze nennt. Die eigentlichen Civilgesetze, diejenigen nach welchen der Richter in Privatsachen zu urtheilen hat, werden von den Privatpersonen durch Verträge und Gewohnheiten selbst gebildet, d. h. sich wechselseitig aufgelegt.

42) Beyde Parteyen zu hören ist und bleibt die wesentliche Hauptsache einer guten Prozeßform. Dafür sind aber nicht immer und nicht in jedem Fall Schrebereyen und lange Termine nöthig, als welche die Weitläufigkeit und Kostbarkeit der Prozeß verursachen,

Keine Person sollt ihr im Gerichte ansehen, sondern sollt den Kleinen hören wie den Großen und vor niemands Person Euch scheuen; denn das Gerichtamt ist Gottes. 43)

(Pflichten der Richter.) Du sollt nicht Geschenke nehmen; denn Geschenke machen den Sehenden blind und verkehren die Sache der Gerechten. 1 B. Mos. XXIII. 8. 5 B. Mos. XVII. 19.

Du sollt das Recht nicht beugen und sollt keine Person ansehen. 5 B. XVII. 19.

Ihr sollt nicht unrecht handeln am Gericht und sollt nicht vorziehen den geringen noch den großen Ehren, sondern du sollt deinen Nächsten recht richten. 3 B. Mos. XIX. 15.

Verflucht sey, wer das Recht des Fremdlingen, der Waysen und der Wittwen beuget. 44) 5 B. Mos. XVII. 18.

43) Die Pflicht der Hülfleistung zur Handhabung eines göttlichen Gesetzes.
44) Eben weil die Gerichtsbarkeit die Hülfleistung zum Recht oder zur Handhabung eines göttlichen Gesetzes ist: so gebührt sie auch allen Menschen, dem Fremden wie dem Einheimischen. So stand es in allen alten ehrbaren Gesetzbüchern. Der Fremdling ward sogar gewißer Maßen noch mehr begün-

(Appellation.) Wo aber eine große Sache ist, daß sie dieselbe an dich bringen und sie alle geringen Sachen richten. 2 B. Mos. XVIII. 21, 26.

Wird aber Euch eine Sache zu hart seyn, die lasset an mich gelangen, daß ich sie höre. Ebend. v. 17.

(Begnadigungs-Recht.) Wie sich ein Vater über Kinder erbarmet, so erbarmet sich der Herr über die, so ihn fürchten. Pf. CIII. 13. s. auch v. 8 — 12.

stiget, wenigstens in Formen und Terminen, weil er hülfloser als andere ist, und ohne großen Schaden nicht so lange auf Schutz warten kann. Daher z. B. das freundliche und moralische Gastrecht. Nach den Systemen unserer heutigen Philosophen dürfte hingegen keinem Fremden mehr zu seinem Recht verholfen werden, weil er kein Bürger des Staats ist und die Gerichtsbarkeit nur eine Staatsanstalt für seine Bürger seyn soll. Nach den nämlichen Grundsätzen müßten auch Wittwen und Waysen kein Recht mehr erhalten können, weil sie ebenfalls nicht Bürger sind und den sogenannten allgemeinen Willen nicht gebildet haben. Die Bibel verflucht solche Lehren. Sie sind lauter Folgen der Irreligion, welche die Gerechtigkeit nicht mehr für ein göttliches Gesetz anerkennen will.

Räche nicht zu genau alle Missethat und kühle dein Müthlein nicht, wenn du strafen sollst. 45) Sirach. X. 6.

Selig sind die Barmherzigen, denn sie werden Barmherzigkeit erlangen. Matth. V. 7.

Und vergieb uns unsere Schulden, gleichwie auch wir vergeben unsern Schuldnern. Matth. VI. 12.

Denn so ihr den Menschen ihre Fehler vergebet, so wird Euch euer himmlischer Vater auch vergeben. Wo ihr aber den Menschen ihre Fehler nicht vergebet, so wird auch euer Vater eure Fehler auch nicht vergeben. Matth. VII. 14—15.

45) Missethaten und Vergehungen zu strafen mit der Absicht, den Uebelthäter entweder für die Zukunft unschädlich zu machen oder zu bessern, ist erlaubt, gerecht und oft nothwendig; aber in der Wahl des Strafmittels, seiner Gradation, seiner Dauer u. s. w. ist ein Maaß zu beobachten und das geringere Uebel vorzuziehen, wenn es gleichwohl seinen Zweck erreicht. Hingegen zu strafen, auch wenn die Strafe nicht nöthig oder ihr Zweck bereits erreicht ist, blos um sich an dem Uebel des Schuldigen zu ergötzen, um seine Leidenschaft zu befriedigen (sein Müthlein zu kühlen), das ist unerlaubte Rache.

So dein Bruder an dir sündigt, so strafe ihn, und so er sich bessert, 46) so vergieb ihm. Luc. XVII. 3.

Es wird aber ein unbarmherzig Gericht über den ergehen, der nicht Barmherzigkeit gethan hat, und die Barmherzigkeit rühmt sich wider das Gericht. 47) Ep. St. Jacob II. 13.

46) Wenn die Strafe nicht mehr nöthig ist. Alle Strafe hat zum Zweck zu bewirken, daß der Uebelthäter, der Beleidiger hinfort nicht mehr sündige. Dieses geschieht entweder durch Entziehung der Mittel, (daß er nicht mehr sündigen kann), oder durch Besserung des Willens (daß er nicht mehr sündigen will.) In die erstere Classe gehören Todesstrafen, ewige Einschließung u. s. w.; in die letztere alle vorübergehenden zeitlichen Strafen und Züchtigungen, die durch Besorgniß ähnlicher Uebel den Willen bessern. Wenn hingegen der Beleidiger ohnehin nicht mehr schaden kann, oder wenn er hinreichende Zeichen von Besserung gegeben hat, so ist auch die Strafe nicht mehr nöthig; dann ist es der Fall, wo Begnadigung eintreten darf, und oft von der Liebespflicht geboten wird.

47) Wer ist auf der Welt, der nie einen Fehler begangen, nie Verzeihung nöthig gehabt hätte? Wo ist also der Mensch, der stets gegen andere unbarmherzig seyn dürfte? Die Begnadigung ist also

§. 12.
Pflichten der Fürsten und überhaupt aller Obern.

Ich handle vorsichtig und redlich bey denen, die mir zugehören, und wandle treulich in meinem Hause.

Ich nehme mir keine böse Sache vor; ich hasse den Uebertreter und lasse ihn nicht bei mir bleiben. [48)]

Ein verkehrtes Herz muß von mir weichen. Den Bösen leide ich nicht.

Der seinen Nächsten heimlich verläumdet,

keine Ungerechtigkeit, wie einige deutsche Sophisten behaupten; sie ist mehr als bloße Gerechtigkeit, über dieselbe noch erhaben (Wohlthat), sie rühmet sich wider das Gericht.

[48)] Wenn man hingegen heut zu Tag das Böse hasset: so heißt das sogleich Heftigkeit, Animosität, Leidenschaftlichkeit u. s. w. Haß gegen das Böse ist eine ehrwürdige Tugend, besonders an Königen und Magistraten. Denn wer das Böse nicht hasset, der kann auch das Gute nicht lieben, und wer allen Missethätern schonet, der ist ihr Mitschuldiger und beleidiget die Rechtschaffenen. Auch wird dieser Haß des Bösen in der Bibel häufig geboten. S. Sprüchw. Sal. XXVIII. 4. Jesai. V. 20. Jerem. VIII. 8—9. Ezech. XIII. 9—10.

den vertilge ich. 49) Ich mag deß nicht, der stolze Geberden und Hochmuth hat.

Meine Augen sehen nach den Treuen im Lande, daß sie bey mir wohnen und habe gern fromme Diener. 50)

Falsche Leute halte ich nicht in meinem Hause, die Lügner gedeihen nicht bey mir. 51)

49) Heut zu Tage hingegen hält man geheime Verläumder oft für treue Diener, und öffentliche nennen sich Philosophen. Einem rechtschaffenen Mann ohne Grund noch Beweis seinen guten Namen, den Ruhm seiner Tugend oder seiner Einsicht rauben, der ihm gebührt, und von welchem sein ganzes Glück unter den Menschen abhängt, ist keine Calumnie, kein Verbrechen mehr, es heißt Publicität oder Preßfreyheit. Darum geht auch alles, wie es geht.

50) Religiose, die aus Gewissenhaftigkeit ihre übernommenen Pflichten treu erfüllen, aber in der Collision noch die höheren göttlichen Gesetze vorziehen, d. h. sich zu nichts Unerlaubtem gebrauchen lassen. Heut zu Tag hingegen ist die Religiosität eines Beamten beynahe ein Grund seiner Verwerfung oder wenigstens des Mißtrauens.

51) Freunde der Wahrheit sind die beßten Diener der Fürsten; Schmeichler hingegen (Lügner), welche die Dinge wissentlich falsch darstellen, immer nur etwas Angenehmes sagen und dadurch zu falschen Maßregeln verleiten, sind ihre gefährlichsten Feinde.

Frühe vertilge ich alle Gottlosen im Lande, daß ich alle Uebelthäter ausrotte aus der Stadt des Herrn. Pf. CI. 2—8.

So spricht der Herr (zum König Juda): Haltet Recht und Gerechtigkeit und errettet den Beraubten von des Freblers Hand und schindet nicht die Fremdlinge, Waysen und Wittwen, und thut niemand Gewalt und vergießet nicht unschuldig Blut [52] an dieser Stätte. Jerem. XXII. 3.

Habt Gerechtigkeit lieb, ihr Regenten auf Erden; [52b] denket, daß der Herr helfen kann [53] und fürchtet ihn mit Ernst. B. der Weish. I. 1.

> Wie wird hingegen diese Regel in unseren Tagen befolgt? Wo liebt man noch die Wahrheit, auch wenn sie mit dem größten Anstand gesagt wird?

[52] Also nicht gar kein Blut, sondern nur kein unschuldig Blut. Denn die Ausrottung der Uebelthäter, wenn sie nothwendig wird, ist man dem Schutz der Rechtschaffenen (der Handhabung des göttlichen Gesetzes) schuldig.

[52b] Beleidiget niemand, laßt jedem das Seinige, haltet Eure Verträge und Versprechungen.

[53] Daß unsichtbare Kräfte, die Natur der Dinge u. s. w. dem Beleidigten beistehen können, wenn Ihr schon gewaltiger seyd als er.

(Strafe ihrer Verletzung.) Ungerechtigkeit verwüstet alle Lande, und böses Leben stürzet die Stühle der Gewaltigen. 54) B. der Weish. VI. 1.

Die Obrigkeit ist Gottes Dienerin, eine Rächerin zur Strafe über den, der Böses thut. 55) Röm. XIII. 4.

Siehe die ganze Stelle im Zusammenhang unter dem §. von den Pflichten der Unterthanen.

54) Wenn schon die Könige auch für böse Thaten wegen ihrer Uebermacht nicht von menschlichen Gerichten bestraft werden können: so entgehen sie deßwegen den natürlichen Strafen nicht. Die ganze Geschichte ist ein fortlaufender Beweis davon. Verschwendung, welche die Macht verzehrt, Weichlichkeit und Wollust, die alle Anstrengung, alle Entbehrung verabscheut; Ungerechtigkeit, die sich überall Feinde macht; Treulosigkeit, die alles Vertrauen raubt: wie viele Staaten haben sie nicht zu Grunde gerichtet? Wo keine Gerechtigkeit herrschet, da ist auch kein Zutrauen, kein Credit, keine Anhänglichkeit, kein Wohlstand, kein Reichthum. Da blühen weder Ackerbau, noch Künste, noch Handel, noch Wissenschaften; die Länder entvölkern und eröden sich, aus einem Garten werden sie zur Wüsteney.

55) Also nicht eine Dienerin des Volks. Um Böses zu hindern oder zu strafen braucht man keiner

Und ihr Väter, reizet euere Kinder nicht zum Zorn, 56) sondern ziehet sie auf in der Vermahnung zum Herrn. 57) Ephes. VI. 4.

Und ihr Herren thut dasselbige (Gutes) gegen euere Knechte, und wisset, daß auch euer Herr im Himmel ist, 58) und ist bey ihm kein Ansehen der Person. Ephes. VI. 9.

Ihr Herren, was recht und billig ist, 59) das beweiset den Knechten, und wisset, daß

Auftrag von seinen Untergebenen erhalten zu haben. Man hat das Recht und die Verbindlichkeit dazu von Gott selbst. Man ist sein Diener.

56) Beleidiget sie nicht in dem, was ihnen gehört, welches gerechten Unwillen aufreizt.

57) Leitet sie nach dem göttlichen (natürlichen) Gesetz und zur Ehrfurcht gegen dasselbe (zu dem was sie ohnehin schuldig sind.) Die rechtliche Schranke der väterlichen Macht ist die gleiche, wie die jeder anderen.

58) Dessen Gesetz Ihr so gut als sie unterworfen seyd.

59) Also nicht bloß strenges Recht, sondern auch reciprocirliche Liebespflicht, welche man gewöhnlich unter dem Wort Billigkeit versteht, wenn es dem Recht entgegengesezt wird. Diese Liebespflicht ist um so verbindlicher, als die Diener und Knechte auch manchmal mehr thun als was sie rechtlich schuldig wären.

ihr auch einen Herrn im Himmel habt. Coloss. III. 26.

Den Reichen dieser Welt gebeut, daß sie nicht stolz seyn, auch nicht hoffen auf den ungewißen Reichthum, [60] sondern auf den lebendigen Gott, der uns dargiebt reichlich allerley zu genießen. [61]

Daß sie Gutes thun, reich werden an guten Werken, gerne geben, behülflich seyn. [62] 1 Timoth. VI. 17—18.

[60] Der alle Augenblicke geraubt oder verloren werden kann, der ohne verständigen Gebrauch weder mächtig noch glücklich macht.

[61] Auf den Herren der Natur und seine Fügungen, auf die der Befolgung seines Gesetzes einwohnende Kraft, welche die Schöpferin und Erhalterin aller übrigen Glücksgüter ist, auf den Segen, der alle guten Werke begleitet.

[62] Da sieht man also, wozu der Reichthum oder die Macht gut und nöthig ist, um anderen behülflich zu seyn, zu nützen, ihre Bedürfniße zu befriedigen. Das braucht eben nicht immer durch bloße Allmosen oder Geschenke zu geschehen, sondern auch durch angebotene und gegenseitig übernommene Dienste, Arbeiten u. s. w. Leztere sind sogar die beßere Hülfe.

§. 13.

Pflichten der Unterthanen.

Gebet dem Kayser, was des Kaysers ist, und Gott, was Gottes ist. 63) Matth. X. 24.

Wer Vater verstöret und Mutter verjaget, der ist ein schändlich und verflucht Kind. 64) Sprüchw. Sal. XIX. 26.

63) Gebet oder lasset dem Kayser (dem Fürsten) was sein ist, seine natürlichen und erworbenen Rechte, und thut überhaupt auch gegen alle andere Menschen, was das göttliche Gesetz gebeut. Im Widerstreit zwischen menschlichen und göttlichen Befehlen seyen leztere allein vorbehalten, weil niemand einem anderen eine Pflicht auflegen oder eine Handlung gebieten kann, die an und für sich durch das natürliche (göttliche) Gesetz verboten ist. Wie war es doch möglich, daß dieser durch seine Kürze und treffende Richtigkeit wahrhaft göttliche Spruch so wenig verstanden, so dunkel ausgelegt worden? Die Pflicht gegen den Fürsten ist ja die nämliche, die man auch gegen jeden anderen Menschen hat.

64) Im weiteren Sinn kann man auch alle Fürsten und Obrigkeiten Väter oder Mütter nennen, nicht nur wegen der liebenden Sorgfalt, sondern weil sie die Stifter und Erhalter dieses Verbandes sind, was ohne sie nie existirt hätte. Denn ursprünglich sind alle Oberen vor ihren Untergebenen da gewesen. Leztere haben sich nur nach und nach,

(Gewöhnliche Folgen der Aufruhren und Revolutionen.) Aber wer eine Grube machet, der wird selbsten darein fallen, und wer den Zaun zerreisset, den wird eine Schlange stechen. Pred. Sal. X. 8. [65]

(Klugheit und Nachgiebigkeit gegen Höhere.) Zanke nicht mit einem Gewaltigern, daß du ihm nicht in die Hände fallest. Sirach. VIII. 1.

Was soll dir der irrdene Topf bey dem ehernen Topf; denn wo sie an einander stoßen, so zerbricht er. Sirach XIII. 3. [66]

der Nahrung oder des Schutzes wegen, um sie her versammelt. Welch schändliche Undankbarkeit solche Wohlthäter zu zerstören oder zu verjagen!

[65] Es kömmt gewöhnlich nichts Besseres nach. Zerstört man auch eine rechtmäßige Obrigkeit durch Schaffung einer neuen, noch höheren Gewalt: so kann diese letztere eben so gut mißbrauchen, und sie hat sogar der Ungerechtigkeit mehr nöthig, um sich zu behaupten. Die Völker gewinnen dabey nichts; sie fallen gewöhnlich von dem Regen in die Traufe. Man sehe die Geschichte.

[66] Gleichwie man unter Privatpersonen bey collidirenden Rechten oft des Friedens wegen nachgiebt: so ist dieses gegen Höhere noch mehr der gesunden Vernunft angemessen. Es giebt auch hier häufige Fälle, wo eigentlich beyde Recht haben, beyde aber

Jedermann sey unterthan der Obrigkeit, die Gewalt über ihn hat. Denn es ist keine Obrigkeit ohne von Gott. [67] Wo aber eine Obrigkeit ist, die ist von Gott verordnet.

Denn die Gewaltigen sind nicht den guten Werken, sondern den Bösen zu fürchten. Willt du dich aber nicht fürchten vor der Obrigkeit, so thue Gutes, so wirst du Lob von derselbigen haben.

Denn sie ist Gottes Dienerin, dir zu gute. Thust du aber Böses, so fürchte dich, denn sie trägt das Schwerdt nicht umsonst; sie ist Gottes Dienerin, [67b] eine Rächerin zur Strafe über den, der Böses thut. Röm. XIII. v. 1-4.

nicht zu gleicher Zeit mit einander bestehen können. Alsdann giebt der Schwächere nach um einen Kampf zu vermeiden, den er doch nicht bestehen könnte, in welchem er nothwendig unterliegen müßte. Es ist ein Friedensvertrag vor dem Krieg und zu Vermeidung desselben abgeschlossen.

[67] Von der Natur der Dinge (Gottes Ordnung), die ohne der Menschen Zuthun Höhere und Niedere, Mächtige und Schwache schuf. S. auch oben §. 4.

[67b] In dem nämlichen Sinn, wie jeder Mensch, der mit seinen Kräften Recht schaffet und handhabet, Böses wendet und Gutes thut, ebenfalls Gottes Diener ist.

Ihr Kinder seyd gehorsam euern Eltern in dem Herrn; denn das ist billig. 68) Ehre Vater und Mutter: das ist das erste Gebot, das Verheissung hat, auf daß dir's wohl gehe und du lange lebest auf Erden. Ephes. VI. 1—3.

Ihr Knechte seyd gehorsam euern leiblichen Herren mit Furcht und Zittern in Einfältigkeit euers Herzens, als Christo. 69)

Nicht mit Dienst allein vor Augen, als den Menschen zu gefallen; sondern als die Knechte Christi, daß ihr solchen Willen Gottes thut von Herzen, mit gutem Willen.

Lasset euch dünken, daß ihr dem Herrn dienet und nicht den Menschen. Ephes. VI. 5—7. 70) Und fast mit den nämlichen Worten Coloss. III. 22—26.

68) Reziprozirliche Liebespflicht, wegen den vielen Wohlthaten, die Ihr von ihnen empfangen habet.

69) Nicht mit Furcht und Zittern vor der Strafe, sondern einfältiglich und gewissenhaft mit Furcht und Zittern vor Verletzung des göttlichen Gesetzes, welches befiehlt, seine Pflichten in jedem Zustand zu erfüllen.

70) Einer der tiefsinnigsten Sprüche von ächt Paulinischer Weisheit, und doch so populär ausgedrückt. Denn alle, auch die bloß zufälligen Pflichten gegen andere Menschen lassen sich sehr leicht und unge-

zwungen auf Pflichten gegen Gott (die Erfüllung des göttlichen Gesetzes) zurückführen. Die weltlichen Oberen, vom Fürsten bis zum gemeinsten Hausvater herab, wenn sie in den Schranken gewöhnlicher Gerechtigkeit verbleiben, befehlen ihren Untergebenen eigentlich nur zweyerley Handlungen: entweder solche, die man ihnen ohnehin aus anderen Gründen schuldig ist, sie **erfrischen und handhaben das natürliche Gesetz**; oder sie gebieten über eigene Sach, sie äussern ihren Willen (den man nicht immer vorher wissen kann) über die Art und Weise, nach welcher sie ihr Recht oder ihr Befugniß respektirt wissen wollen. Zu Beydem ist man aber schon durch das natürliche (göttliche) Gesetz verbunden: denn das Gebot, dem geäußerten rechtmäßigen Willen eines anderen nicht zu widerstreben, ist schon in der allgemeinen Regel, niemand zu beleidigen, enthalten. In beyden Fällen gehorcht man also eigentlich nur dem Willen Gottes, nicht dem der Menschen; man hat nur jenen, nicht diesen über sich, und es ist unglaublich, wie viel diese Vorstellung theils zur Gewissenhaftigkeit, theils zur Zufriedenheit beyträgt. Ein solcher Mensch ist immer frey, denn auch die Fürsten haben die göttlichen Gesetze über sich. Selbst in den seltenen Fällen, wo ein weltlicher Oberer seinen Untergebenen solche Handlungen oder Unterlassungen gebietet, zu deren Forderung er eigentlich kein Recht hat, die aber doch an und für sich zu thun oder zu lassen erlaubt sind: so giebt man nach, man

Seyd unterthan aller menschlichen Ordnung [71] um des Herrn willen, es sey dem König als dem Obersten. [72]

Oder den Hauptleuten als den Gesandten von ihm, zur Rache über die Uebelthäter, und zu Lobe der Frommen.

cedirt von seinem Recht, entweder aus Liebespflicht (dem anderen Theil des göttlichen Gesetzes) oder man weichet freywillig aus Klugheit und zu Verhütung größerer Uebel der höhern Macht, dem Naturgesetz, welches wieder als ein göttliches betrachtet werden kann, gerade wie man dem Regen und dem Frost ausweicht. Auch die Fürsten müssen ja täglich höheren Naturkräften weichen; sie widerstreben auch nicht, weil es unnütz wäre, und suchen sich vielmehr ihnen zu fügen. Unrecht zu leiden ist wohl erlaubt, aber nicht Unrecht zu thun; dieses kann auch kein weltlicher Oberer von anderen Menschen fordern, denn es ist durch das göttliche Gesetz verboten; hier geht die höhere Verbindlichkeit vor.

71) Aller natürlichen Ordnung unter den Menschen, oder wie das Wort Ordnung hier vielmehr verstanden werden muß, allen menschlichen Geboten, um des göttlichen Gesetzes willen. S. die vorhergehende Note.

72) Wie einfach und merkwürdig, daß Petrus den König lediglich als den obersten definirt!

Denn das ist der Wille Gottes, daß ihr mit Wohlthun verstopfet die Unwissenheit der thörichten Menschen. 73)

Als die Freyen und nicht als hättet ihr die Freyheit zum Deckel der Bosheit, sondern als die Knechte Gottes. 74)

Thut Ehre jedermann. 75) Habet die Brüder lieb. Fürchtet Gott. Ehret den König.

Ihr Knechte seyd unterthan mit aller Furcht den Herren; nicht allein den gütigen und gelinden, sondern auch den wunderlichen. 76)

73) Daß Ihr (Christen) mit guten Werken keinen Anlaß zum Tadel Eurer Lehre, Eurer Handlungen, oder zur Verfolgung Eurer Gesellschaft gebet.

74) Dieser schöne Spruch versteht sich aus N° 70. Frey ist der, der nur göttlichen, nicht menschlichen Gesetzen gehorcht; mithin auch der Religiose, der seine Pflichten in jedem Zustand erfüllt, weil sie göttliche Gebote sind. Denn die rechtliche Freyheit ist nicht eine Abwesenheit von allen Schranken, allem Zwang (in diesem Sinn ist niemand frey), sondern nur eine Abwesenheit von ungerechten Schranken.

75) Lasset jedermann seine guten Eigenschaften, seine Vorzüge; verringert, verkleinert sie nicht in den Augen der Menschen, denn das heißt auch jemand das Seinige entziehen.

76) Gebet nach, habt Geduld auch mit ihren Launen und Irrthümern, denn ihr seyd auch nicht vollkommen, so wenig als sie.

Denn das ist Gnade, so jemand um des Gewissens willen zu Gott das Uebel verträgt und leidet das Unrecht. 77) 1 Petr. II. 13-19.

Die Knechte, so glaubige Herren haben, sollen dieselbigen nicht verachten mit dem Schein, daß sie Brüder sind; sondern sollen vielmehr dienstbar seyn, dieweil sie glaubig und geliebet und der Wohlthat theilhaftig sind. Solches lehre und gebeut. 78) Ep. Timoth. VI. 2.

77) Die Fehler und Beleidigungen von Seiten der Fürsten, so wie die anderer Menschen, geschehen gar nicht immer aus bösem Willen, sondern oft aus Irrthum, aus Uebereilung oder aus Noth, in einer Collision, wo ihr Recht mit dem Recht eines anderen nicht zu gleicher Zeit bestehen kann, und sie eigentlich nur die Handhabung des ersteren, nicht die Beleidigung des letzteren wollen. Daher ist nicht immer zu vermuthen, daß sie in anderen Fällen die nämlichen Fehler wieder begehen oder daß er ihnen überhaupt Regel für die Zukunft sey. Also aus diesem Grund kann auch ein Schwacher dem Mächtigen in seinem Herzen aus Gewissenspflicht verzeihen und sich dadurch selbst wegen erlittenem Unrecht beruhigen.

78) Ein Spruch, der offenbar gegen die möglichen falschen Gleichheits-Begriffe gerichtet ist, wie sie sich in einigen Sekten zeigten. Sein Sinn ist eigentlich

Den Knechten (stelle vor), daß sie ihren Herren unterthänig seyn, in allen Dingen zu Gefallen thun, nicht widerbellen. Nicht veruntreuen, sondern alle gute Treu erzeigen, auf daß sie die Lehre Gottes unsers Heilandes zieren in allen Stücken. Tit. II. 9—10.

Erinnere sie, daß sie den Fürsten und der Obrigkeit unterthan und gehorsam seyen, zu allem guten Werke bereit seyen. Ebend. III. 1. 79)

folgender: Die christlichen Knechte (Diener), deren Herren zugleich Christen (glaubig) sind, sollen ihnen nicht ungehorsam seyn, sich nicht ihrem Dienst entziehen unter dem Vorwand, daß sie als Christen einander gleich (Brüder in Christo) seyen, denn in allen übrigen weltlichen Verhältnißen bleiben sie doch ungleich; sie sollen ihnen vielmehr um desto lieber dienen, weil sie Christen und der Wohlthat des Evangeliums, der besseren Erkenntniß des göttlichen Gesetzes, theilhaftig sind, folglich von ihnen weniger Mißbrauch zu besorgen steht.

79) Das ist also die Summe und die Gradation der Unterthanspflichten und Klugheitsregeln gegen Obere. 1° Ihnen das Ihrige zu lassen, alle Rechtspflichten ohne weiters zu erfüllen: Gebet dem Kayser was des Kaysers ist. 2° Zu allen Liebespflichten sich willig erzeigen, zu Gefallen thun, zu

guten erlaubten Werken bereit seyn, beydes um des göttlichen (natürlichen) Gesetzes willen. 3° In Collisionen nachgeben, bisweilen sogar Unrecht leiden, wie man es oft von anderen Menschen auch leidet, theils um des Gewissens willen aus liebreicher Verzeihung, theils aus Klugheit, weil man in ungleichem Kampf unterliegt, sich größere Uebel herbeyzieht, und weil gewöhnlich nichts Besseres nachkömmt. Der irrdene Topf zerbricht gegen den ehernen Topf; wer den Zaun zerreisset, den wird eine Schlange stechen. Endlich 4° hingegen auch auf allfälligen Befehl nie Unrecht zu thun, keine Verbrechen auszuüben, denn diese sind durch das göttliche Gesetz verboten, dem auch der Fürst unterworfen ist; hier geht die höhere Verbindlichkeit vor. Gebet Gott was Gottes ist. Man muß Gott mehr fürchten als die Menschen. Ein merkwürdiges Beyspiel von der Anwendung dieser lezteren Regel findet sich im 2 B. Mos. I. v. 17. „Aber die Wehemütter fürch„ten Gott und thaten nicht wie der König in Egyp„ten zu ihnen gesaget hatte (die männlichen Kin„der zu tödten) und ließen die Kinder leben." Zwar kann auch diese schöne Regel, Gott mehr zu fürchten als die Menschen, mißbraucht, übel ausgelegt und verkehrt angewendet werden, wenn man nämlich in facto irrt, z. B. nach falscher Sektirerey unerlaubte Handlungen für göttliche Gebote hält, oder umgekehrt erlaubte Handlungen für verboten ansieht. Solche Verirrung ist die

Folge des menschlichen Unverstands und bey allen Gesetzen, ohne Ausnahm, möglich. Deßwegen ist aber doch die Regel an sich heilig wahr und ihr Mißbrauch gewiß selten zu besorgen. Die Menschen sind im Allgemeinen nur zu geneigt, denjenigen, von denen sie viel zu hoffen oder zu fürchten haben, in guten und bösen Handlungen, selbst zu allem Unrecht dienstbar zu seyn, und vermeynen mittelst des erhaltenen Befehls alle Schuld von sich abzuwälzen. Es braucht schon ungemein viel Religiosität, bey Gefahr von eigenem Schaden oder Entziehung von Vortheilen, die Ausführung von dergleichen Handlungen zu verweigern. Solche Religion aber, solche Gewissenhaftigkeit ist nie gefährlich; dergleichen Männer müssen selbst von ihren verirrten Oberen respektirt werden; in ihnen finden sie die treusten Diener zu allem Guten. Daher ist es auch einem Lande vortheilhaft, wenn in den Aemtern zunächst um die Fürsten solche Personen angestellt sind, welche nicht von äußeren Bedürfnißen so gedrängt werden, daß sie zu sehr an ihrem Amte hängen und sich zu Allem gebrauchen lassen müßten. Wie viele Ungerechtigkeiten und Gewaltthätigkeiten, welche oft blutige Kriege entzünden und deren sich ihre Urheber oft selbst gereuen, würden nicht unterblieben seyn, wenn man dazu nicht so willige Instrumente gefunden hätte! Solchen frommen Dienern, wie David sie gern um sich hatte, würden die Fürsten oft hintenher selbst danken.

§. 14.
Veräußerung der Landesherrlichen Gewalt.

(Testamente oder Erbs-Einsatzung — Grund aller Successions-Ordnung.) Und Abraham gab alle sein Gut Isaak. 1 B. Mos. XXV. 5. Aber den übrigen Kindern gab er Geschenke. v. 6. 80)

80) Ursprünglich beruht alles Erbrecht auf dem Willen des Erblassers, aus dem ganz natürlichen Grund, weil er sein Eigenthum zu schenken befugt ist und bey dieser Schenkung jede beliebige Bedingung machen, mithin auch den Zeitpunkt festsetzen kann, wenn sie angehen solle. Intestat-Gesetze sind nur der präsumirte Wille des Erblassers, wenn er ihn nicht selbst ausgedrückt hat. Diese sind positiven, die Testamente hingegen natürlichen Ursprungs. Je näher bey der Natur, je unbeschränkter die Testirungs-Freyheit. Es ist sogar gut, wenn die Kinder von ihren Eltern abhängen und das Erb nur als ein Zeichen ihrer Liebe erwarten können. Greise und hülflose Väter müssen Mittel zu Belohnungen und Strafen haben, auf daß man nicht alle Liebespflichten gegen sie vernachläßige. Spuren dieser vollen väterlichen Freyheit finden sich noch bey den erlaubten Prärogativen und bey der gänzlichen Enterbung in gewißen Fällen. Da nun ein Vater befugt ist, sein Erb zu geben, wem er will, so kann er es auch einem erstgebornen Sohn allein

Völker müssen dir dienen, und Leute müssen dir zu Fuße fallen. Sey ein Herr über deine Brüder und deiner Mutter Kinder müssen dir zu Fuße fallen. [80b] Isaak zu Jakob 1 B. Mos. XXVII. 29.

Siehe ich habe ihn zum Herrn über dich gesetzt und alle seine Brüder habe ich ihm zu Knechten gemacht; mit Korn und Wein habe ich ihn versehen. Ebend. v. 37. [81]

Da schwur der König (David) und sprach: So wahr der Herr lebet, der meine Seele erlöset hat aus aller Noth. Ich will heute

geben, und darauf beruht das sogenannte Recht der Erstgeburt, welches eigentlich nicht ein Recht des Erstgebornen, sondern das Recht oder die Uebung der Väter ist, den erstgebornen Sohn zu ihrem Nachfolger einzusetzen, zumal bey solchen Gütern, die sich ihrer Natur nach nicht wohl theilen lassen, wobey dann die übrigen Kinder mit Geschenken oder jährlichen Einkünften, die der Erstgeborne entrichten muß, befriediget werden.

80b) Ein orientalisches Zeichen oder Bild der Ehrerbietung und des Gehorsams.

81) Ich habe ihm die Macht (die Aecker und Weinberge) gegeben, wodurch du natürlicher Weise von ihm abhängig wirst, wenn du nämlich bey ihm bleiben willst.

thun, wie ich dir (Bathseba) geschworen habe bey dem Herrn, dem Gott Israel, und geredt, daß Salomo, dein Sohn, soll nach mir König seyn; und er soll auf meinem Stuhl sitzen für mich. [82] Da neigete sich Bathseba mit ihrem Antlitz zur Erden ꝛc. [83]

NB. Die übrigen Verse enthalten die üblichen Formalitäten zur Bekanntmachung jenes Willens, die öffentliche Vorstellung, die priesterliche Salbung, die Ausrufung unter Posaunenschall und das Zujauchzen

[82] Alle ursprünglichen Erwerber eines Königreichs (wie David) sind vermöge der vollkommenen Testirungs-Freyheit befugt, den Nachfolger in ihrer Macht und ihren eigenthümlichen Besitzungen nach Gutfinden zu ernennen, wobey Drittmanns-Rechte immer vorbehalten sind und nicht beleidigt werden. Die Nachfolger selbst besitzen das nämliche Recht nicht immer, weil sie jene Güter oft nur unter der Bedingung erhalten haben, daß sie dieselben nach einer bestimmten Erbfolge einem Dritten überliefern sollen, diese wieder anderen u. s. w.; daher die verschiedenen Successions-Ordnungen oder Hausgesetze in fürstlichen Häusern, welche immer von dem ersten Erwerber oder wenigstens freyen Besitzer herkommen, der darüber ohne frühere Beschränkung zu disponiren berechtigt war.

[83] Sie dankete für diesen Vorzug, den David auch einem anderen Sohn hätte geben können.

des Volks, von dessen Freudengeschrey die Erde erscholl und welches sprach:

Glück zu dem Könige Salomo: Sein Stuhl werde noch größer als der unsers Herrn Königs David. 84) 1 Kön. I. v. 29. ff.

Und Josaphat gab seinen Söhnen viel Gaben von Silber, Gold und Kleinodien mit festen Städten in Juda (Appanagen); aber das Königreich gab er Joram, denn der war der Erstgeborne. 2 Chron. XXI. 3.

§. 15.

Eroberungen.

(Rechtmäßige.) Darum haben wir jezt das Unsere wieder zu uns bracht und niemand das Seine genommen. Simon zu Athenobius. 1 B. Maccab. XV. 34.

§. 16.

Unbedingte Unterwerfungen.

(Mögliche Rechtmäßigkeit und Klugheit derselben unter gegebenen Umständen, um größere Uebel zu ver-

---

84) Das Volk wünschte ihm also noch mehrere Macht; es hoffete von derselben Gutes und nichts Böses, weil jenes die gewöhnliche Regel, dieses eine Ausnahme ist. Jede Macht kann freylich mißbraucht werden, aber ohne Macht kann man anderen auch nichts nüzen.

meiden.) Die Könige und Fürsten 85) von Syrien, Mesopotamien, Syrien und Soral, Libien und Cilicien, sandten ihre Botschafter zu Holofernes und sprachen:

Wende deinen Zorn von uns.

Denn es ist besser, daß wir Nebucadnezar, dem großen Könige, dienen und dir gehorsam seyn, und lebendig bleiben, denn daß wir umkommen und gewinnen gleichwohl nichts.

Alle unsere Städte, Güter, Berge, Hügel, Aecker, Ochsen, Schaafe, Ziegen, Rosse und Cameele, und was wir nur haben, dazu auch unser Gesinde, ist alles dein: schaffe damit was du willst. 86)

85) Unter diesen Worten müssen hier die **Mächtigen des Landes** verstanden werden, theils kleine unabhängige Fürsten, theils die Freyeren, welche wir jezt den hohen Adel nennen.

86) Wir waren deine Feinde, du wärest berechtiget uns zu strafen, Ersatz zu fordern, und sogar die Mittel zum Schaden zu entziehen, uns die Bedingungen des Friedens nach Gefallen vorzuschreiben; denn darauf beruht das strenge Recht des Siegers, welches aber die Billigkeit und Menschlichkeit nicht in vollem Maaße auszuüben erlaubt: denn es ist hier wie bey anderen Beleidigungen,

Ja auch wir samt unsern Kindern sind deine Knechte. Komm zu uns und sey unser gnädiger Herr 87) und brauche unsers Diensts wie dir gefällt. B. Judith III. 1—5.

wenn der Zweck erreicht, und die Strafe nicht mehr nöthig ist, so soll Mäßigung oder Begnadigung eintreten.

87) Gebrauche deines Rechts nicht nach aller Strenge, sey ein großmüthiger Sieger.

Uebrigens ist dieses Beyspiel einer unbedingten Unterwerfung eines der merkwürdigsten in der ganzen Geschichte, weil dabey sogar die Gründe angeführt werden. Es ist noch frappanter als das von Capua an die Römer, von welchem Livius L. VII. c. 31. spricht und fast mit ähnlichen Worten abgefaßt ist. Unbedingt sich an jemand zu unterwerfen, alles hinzugeben blos der Erhaltung des Lebens wegen, ist zwar niemand schuldig, und wenn ein Anderer, ohne vorangegangene Beleidigungen, solche Unterwerfung verlangt oder mit Uebermacht erzwingen will: so ist solches an ihm immer unrecht. Aber den Besiegten, den Schwächeren ist hingegen nach ihrem Recht erlaubt, allenfalls auch auf das Glücksgut einer gänzlichen Unabhängigkeit, wie auf jedes andere, Verzicht zu thun, und die Klugheit kann ihnen oft solches gebieten, um noch größere Uebel zu vermeiden. So ist es z. B. mit der Capitulation einer jeden belagerten Stadt, die sich zuletzt auf Diskretion, d. h. auf Gnad und Ungnad des Siegers übergiebt.

§. 17.

Militärische Staaten. [88]

(Ursprung derselben.) Und es versammelten sich zu ihm (David) allerley Männer, die in Noth und Schuld und betrübten Herzens waren, und er war ihr Oberster, daß bey 400 Mann bey ihm waren. 1 Sam. XXII. 2. [89]

Adonia aber, der Sohn Hagith, erhub sich und sprach: Ich will König werden, und machte ihm Wagen und Reuter und 50 Mann zu Trabanten um ihn her. 1 Kön. I. 5. [90]

[88] Man nennt militärische Staaten nicht diejenigen, die viele Truppen haben, sondern diejenigen, deren erster Ursprung auf dem Verhältniß eines Anführers zu seinen Begleitern und Getreuen beruht. Setzen sie sich dann in einem eroberten oder sonst erworbenen Lande fest: so entstehen daraus ganz besondere Rechtsverhältniße, die an und für sich gar nicht ungerecht sind, und die wir hier, wie in allen militärisch gegründeten Reichen ohne Ausnahme antreffen.

[89] Auch diese Herrschaft entsteht also von oben herab. Der Anführer existirt immer zuerst, die Begleiter schließen sich nach und nach durch ihr Bedürfniß an ihn an und dienen ihm.

[90] Diese Unternehmung gelang zwar nicht, weil sie ein ungerechter Aufstand gegen seinen Vater, den König David, war.

Da machte sich Simon auf und führete den Krieg wider unsere Feinde und schaffete unserm Heer Waffen und gab ihnen Sold von seinem eigenen Geld und Gut. 1 B. Maccab. XIV. 32. 91)

§. 18.

Militärische Administration.

Da nahm ich die Häupter euerer Stämme, weise und erfahrne Männer, und setzte sie über euch zu Häuptern über 1000, über 100, über 50 und über 10. Moses als Anführer. 5 B. Mos. I. 15. it. 2 B. Mos. XVIII. 21. 25. 92)

91) Die Geschichte des Reichs der Maccabäer ist, wie das von David, eines der reinsten und gerechtesten Beyspiele von der Entstehung militärischer Staaten. Simon (Maccabäus) fieng zuerst an; er gab Waffen und Geld aus seinem eigenen; darum war er auch der Herr seiner Truppen und nicht von ihnen geschaffen, sondern sie dienten ihm freywillig, sie halfen ihm in seinem Krieg, in welchem freylich auch die übrigen das nämliche Interesse hatten. Seine Feinde waren auch ihre Feinde.

92) Gleichsam Regimenter, Compagnien, Rotten u. s. w. Diese Administration ist von der eines Grundherren ganz verschieden, welcher gewöhnlich nur Beamte

§. 19.

Reichsstände.

Und David versammelte gen Jerusalem alle Obersten Israel (die Großen und Vornehmen), nämlich die Fürsten der Stämme (hohen Adel), die Fürsten der Ordnung, die auf den König warteten (Minister), die Fürsten über tausend und über hundert, die Fürsten über die Güter und Vieh des Königs (die obersten Kriegs- und Civil-Beamten) und seine Söhne, mit den Kämmerern, die Kriegsmänner und alle tapfern Männer. 1 B. Chron. XXIX. 1.

Das übrige Capitel und das 30ste enthalten die würdevolle Proposition des Königs David. Die Reichsstände wurden versammelt, nicht um Gesetze zu geben, sondern um eine freywillige Steuer zum Tempelbau zu verwilligen, wozu der König bereits sehr viel aus seinem Eigenen geschenkt hatte. Sodann folgte die Frage:

auf seinen Gütern hat, zu Verwaltung derselben und die Herrschaft über die von ihm abhängigen Menschen nur als Nebensache oder natürliche Folge der ersteren betrachtet. Im Militär-Verband hingegen ist die Herrschaft über die Untergebenen die Hauptsache, ursprünglich das Einzige; Güter und Besitzungen kommen nur in der Folge hinzu und sind Nebensache.

Und wer ist nun *freywillig*, seine Hand heute dem Herrn zu füllen?

Da waren die Fürsten der Väter, die Fürsten der Stämme Israel, die Fürsten über 1000 und über 100, und die Fürsten über des Königes Geschäfte freywillig.

Und gaben zum Amt im Hause Gottes 5000 Talente Goldes ꝛc.

Und das Volk ward fröhlich, daß sie freywillig waren; denn sie gabens *von ganzem Herzen dem Herrn freywillig.* Und David, der König, freute sich auch hoch. 1 B. Chron. XXX. 5—9. 93)

93) Man kann diese ganze Stelle nicht ohne Rührung und reiche Belehrung lesen. Sie beweiset 1º daß der König die Reichsstände zusammenberufte. 2º Daß sie, wie überall, aus den Großen und Vornehmen des Landes bestanden, aus denjenigen, die unmittelbar dem König und außer ihm niemanden dienten; also nicht von dem Volk abgeordnet oder erwählt waren. (Der Ausdruck *alle tapfern Männer* bedeutet hier alle freyen Israeliten; sie waren in Vergleichung gegen die überwundenen Völker der Adel des Landes und auch allein zu Kriegsdiensten verpflichtet. So war und ist es auch noch in verschiedenen Ländern; z. B. in Hungarn, wo auch alle Edelleute (alle eigentlichen Hungaren und freyen Gutsbesitzer) auf den

§. 20.

Recht gegen Ueberwundene.

Und sie vertrieben die Cananiter nicht, die zu Gaser wohneten. Also blieben die Cananiter unter Ephraim bis auf diesen Tag und wurden zinsbar. 94)

Alles übrige Volk von den Hethitern, Amoritern, Pheresitern, Hethitern und Jebusitern, die nicht von den Kindern Israel waren ꝛc. machte Salomo zinsbar bis auf diesen Tag.

Reichstag kommen dürfen, aber deßwegen doch nicht erscheinen, theils zu Vermeidung der Kosten, theils weil sie sich ohnehin immer nach dem Rath der Großen zu richten pflegen. 3° Daß die Reichsstände nicht Gesetze gaben, weder dem König noch dem Volk, sondern wie überall eine freywillige Steuer bewilligten, weil auch ein König nicht befugt ist über das Eigenthum seiner Unterthanen nach Willkühr zu disponiren. 4° Daß diese Steuer nicht für des Königs Ausgaben, sondern für ein allgemeines Bedürfniß (den Tempelbau) angesprochen und bewilligt wurde. Endlich ist auch die herzliche Uebereinstimmung zwischen König und Volk rührend und merkwürdig.

94) Sie zahlten bestimmte Steuren oder leisteten bestimmte Arbeiten wegen dem ihnen gelassenen Gut, als Bedingung des Friedens und Loskauf von weiteren Kriegsübeln. S. auch die Note N° 86.

55

Aber von den Kindern Israel machte Salomo nicht Knechte zu seiner Arbeit; sondern sie waren Kriegsleute und über seine Fürsten und über seine Wagen und Reuter. 95) 2 Chron. VIII. 1–9. S. auch 2 Sam. VIII. v. 2 u. 6.

Von wem nehmen die Könige auf Erden den Zoll oder Zinse? Von ihren Kindern oder von Fremden? Da sprach zu ihm Petrus: Von den Fremden. Jesus sprach zu ihm: So sind die Kinder frey. 96) Matth. XVII. 23 u.

95) Sie waren das siegende Volk, der Adel des Landes, die ursprünglichen Getreuen des Königs, (daher auch in den ersten Aemtern), nicht Ueberwundene, und konnten also ohne Ungerechtigkeit nicht wie Ueberwundene behandelt werden. Da sieht man also den natürlichen Grund der so sehr verschrienen Privilegien und Abgaben-Freyheit. Ist es etwa heut zu Tag anders? Wenn ein Heerführer fremden überwundenen Völkern Contributionen auflegt, oder im Frieden stipulirt, zahlen etwa seine eigene Truppen diese Contributionen mit? Sind sie nicht auch frey und sollen es seyn von Rechtens wegen?

96) Unter Kindern müssen hier nicht leibliche Kinder verstanden werden, sondern die ursprünglichen eigenen Unterthanen, die nicht durch Krieg und Zwang, sondern freywillig in Dienst getreten sind. Diese zahlten in der ganzen Welt keine anderen Steuren als freywillige.

§. 21.
Freywillige Anerkennungen.

Und es kamen alle Stämme Israel 97) zu David gen Hebron und sprachen: Siehe, wir sind deines Gebeines und deines Fleisches. 98)

Dazu auch vorhin, da Saul über uns König war, führetest du Israel aus und ein. 99) So hat der Herr 100) zu dir gesaget: Du sollt meines Volks Israel hüten und sollt ein Herzog (Heerführer) seyn über Israel.

Und es kamen alle Aeltesten in Israel zum Könige gen Hebron, und der König David machte mit ihnen einen Bund zu Hebron vor dem Herren; 101) und salbeten David zum

97) Versteht sich die Häupter und Fürsten der Stämme, die Obersten und Vornehmsten; denn daß alle Israeliten gekommen seyen, ist unmöglich.

98) Israeliten wie du, Nachkommen Abrahams, zwar nicht über dich, aber auch nicht Fremde, nicht Ueberwundene.

99) Zu Krieg und Sieg und wieder zurück ins Vaterland.

100) Gott, der ihn mit so viel Macht und Verstand gesegnet — also nicht das Volk.

101) Dieser biblische Ausdruck bedeutet eine öffentliche Beschwörung gegenseitiger, ohnehin bestehender Pflichten, wie sie auch bey unsern Krönungs-

Könige über Israel. [102] 2 Sam. V. 1—3.
1 Chron. XII. 1—3.

Und alle Obersten und Gewaltige, auch alle Kinder des Königs Davids thaten sich unter den König Salomo. [103] 1 Chron. XXX. 24.

§. 22.

Geistliche Staaten. [104]

(Die geistliche Herrschaft entsteht von oben herab.)
Der Jünger ist nicht über seinen Meister, noch der Knecht über seinen Herrn. Matth. X. 24.

Feyerlichkeiten geschieht. Aber eine Krönung ist nicht die Uebertragung, sondern nur das Zeichen und die Anerkennung der bereits besitzenden Königlichen Macht.

102) Auch die Salbung ist keine Uebertragung der Macht, sondern ein Zeichen und Bild der Verpflichtung, dieselbe nach göttlichen Gesetzen zu gebrauchen; denn man salbet nur diejenigen, die schon Könige sind.

103) Er war also schon vorher König. Die Obersten und Gewaltigen erkannten ihn nur freywillig, bezeugten ihm ihren Gehorsam, und mithin ist dieses keine Königswahl; denn er wurde von David zu seinem Nachfolger ernannt. S. §. 14.

104) Man nennt geistliche Staaten diejenigen, deren Ursprung und Wesen auf dem Verhältniß

Ihr heisset mich Meister und Herr und saget recht daran, denn ich bin's auch. Joh. XIII. 13.

Ihr habt mich nicht erwählet, sondern ich habe euch erwählet und gesetzet, daß ihr hingehet und Frucht bringet und euere Frucht bleibe. Joh. XV. 16.

Ihr aber seyd Christi, Christus aber ist Gottes. [105) Corinth. III. 23.

eines Lehrers zu seinen Jüngern und Gläubigen, mithin die herrschende Macht auf höherer Weisheit, der Gehorsam aber auf Ueberzeugung und Glauben beruht. Wird ein solches Verband oder auch nur der Lehrer begütert, vollkommen frey (unabhängig), so vereiniget er geistliche und weltliche Macht, und man heißt dieses einen geistlichen Staat. Es ist natürlich, daß die Bibel von solchen am meisten redet; denn nicht nur war das Reich der Israeliten in Palästina, von Moses bis auf Saul, ein wahrer geistlicher Staat, sondern die christliche Kirche ist ebenfalls eine solche geistliche Gesellschaft, wenn sie auch schon erst lange nachher, wenigstens in ihrem Oberhaupte unabhängig geworden. Uebrigens sind die Regeln für ihr Inneres die nämlichen, sie mögen nun dieses äußere weltliche Glück besitzen oder nicht.

105) Es ist natürlich, daß der Lehrer zuerst vorhanden seyn muß, bevor sich die Jünger und Gläubigen

§. 23.

Die ursprüngliche geistliche Macht — die Ueberlegenheit des Geistes ist von Gott.

Wer giebt die Weisheit ins Verborgene, wer giebt verständige Gedanken? Hiob XXXVIII. 36.

Er giebt den Weisen ihre Weisheit, und den Verständigen ihren Verstand. Dan. II. 21.

Alle Weisheit ist von Gott dem Herrn, und ist bey ihm ewiglich. Sirach I. 1.

Meine Lehre ist nicht mein, sondern dessen, der mich gesandt hat. Ev. Joh. VII. 16.

Uns aber hat es Gott offenbaret durch seinen Geist, denn der Geist erforschet alles, auch die Tiefen der Gottheit. Corinth. II. 10. 106)

an ihn anschließen. Letztere können ihn nicht gemacht haben. Es entsteht also auch diese Herrschaft wie alle anderen, von oben herab, und der erste ursprüngliche Lehrer hat niemand als die Natur der Dinge, Gott und seine Gesetze über sich.

106) Diese fünf herrlich schönen Sprüche müssen mit religiosem Gefühl empfunden werden. Wer keinen Sinn für ihre Wahrheit hat, dem kann man sie nicht mit Händen greifen lassen. Jede weitere Auslegung schwächt nur ihre herzerhebende Kraft.

§. 24.
Kraft der Wahrheit,

Und die Weisheit machte ihn sicher vor denen, so ihm nachstelleten, und gab ihm Sieg im starken Kampf, daß er erführe wie Gottseligkeit mächtiger ist, denn alle Dinge. B. der Weish. X. 12. [107]

[107] Die Kraft der Wahrheit und Tugend ist außerordentlich; sie hebt Berge von Hindernißen, sie ist allmächtig wie Gott; sie macht den Ungerechten erblassen, welche Gewalt er auch habe, verwandelt Feinde in Freunde, entwaffnet Wüthende und windet ihnen oft das Schwert aus den Händen. Beyspiele davon liefert die ganze Geschichte. Daß man heut zu Tag diese Wahrheit nicht mehr glauben will, daß sie, wie Lavater sagte, mit dem alten Glauben an Gott und an das Stehen Gottes zur gerechten Sache verschwunden ist, daß man an der Kraft aller geistigen Waffen verzweifelt oder darunter nur erbärmliche List und feinen Betrug versteht: das ist eine Hauptursache des allgemeinen Elends und unserer Unbehülflichkeit. Warum suchte man sonst die Wahrheit und ihre Verbreitung zu hindern, wenn sie nicht so mächtig wäre! Sahen wir nicht in unseren Tagen sogar die schreckliche Kraft des Irrthums, der für Wahrheit gehalten ward. Warum sollte die himmlische Göttin selbst nicht entgegengesetzte, gleich große Wirkungen hervorbringen? sie, die

§. 25.
Die Erhaltung der religiosen Lehre ist das höchste Gesetz.

Wenn dich dein Bruder, deiner Mutter Sohn, oder deine Tochter oder das Weib in deinen Armen, oder dein Freund, der dir ist wie dein Herz, überreden würde heimlich

doch mehr aus dem Herzen jedes Menschen quillt und wieder zum Herzen geht! Aber dafür muß sie auch uneigennützig und rein, ohne Nebenabsicht, im Glanz ihrer alles besiegenden Majestät dargestellt werden, und daran allein fehlt es, wenn sie so wenig zu wirken scheint. Da ist ein ewiges Verhüllen und Verfälschen, das man klug nennt, obgleich es der Wahrheit alle Kraft raubt, ein beständiges Klügeln und Zweifeln, ein Mangel an Vertrauen, dem auch kein Zutrauen von anderen folgt. Denn wer an Gott verzaget, dem steht auch seine Kraft nicht bey. Das Unglück unserer Zeiten hängt nicht von einzelnen Menschen oder zufälligen Machtverhältnißen ab. Es wird schlechterdings nicht aufhören, bis wieder ein besserer Geist, eine neue Seele alle Gemüther durchdringt, bis man wieder ein göttliches Gesetz erkennt, an seine Kraft glaubt und in ihm allein die Garantie alles übrigen Glückes sieht; bis man wieder inne wird, daß Gottseligkeit (Religiosität, die das höchste Gut und Glück nur in Gott und seinen Gesetzen sucht) mächtiger ist als alle Dinge.

und sagen: Laß uns gehen und andern Göttern dienen, [108] die du nicht kennest, noch deine Väter.

Die unter den Völkern um euch her sind, sie seyen dir nahe oder ferne, von einem Ende der Erde bis an das andere;

So bewillige nicht und gehorche ihm nicht. Auch soll dein Auge seiner nicht schonen, und sollt dich seiner nicht erbarmen, noch ihn verbergen.

Sondern sollt ihn erwürgen; deine Hand soll die erste über ihn seyn, daß man ihn tödte, und darnach die Hand des ganzen Volks.

Man soll ihn zu Tode steinigen, [109] denn er hat dich wollen verführen von dem Herrn, deinem Gott, der dich aus Egyptenland geführet hat.

Auf daß ganz Israel höre und fürchte sich, und nicht mehr solch Uebel vornehme unter euch. 5 B. Mos. XIII. 6-11. s. auch v. 1-5.

Auch im 5 B. Mos. XVII. v. 2—7 wird die Verehrung anderer Götter mit dem Tode zu strafen befohlen.

108) Andere Grundsätze, andere höchste Gesetze und Zwecke annehmen.

109) Am Leben strafen, als einen Hochverräther an allem Heiligen, an dem Staat und an dem Vaterland.

Wenn ein Prophet vermeſſen iſt zu reden in meinem Namen, das ich ihm nicht geboten habe zu reden, [110) und welcher redet in dem Namen anderer Götter, derſelbe Prophet ſoll ſterben. 5 B. Moſ. XVIII. 20.

Wer Vater oder Mutter mehr liebet denn mich, der iſt mein nicht werth, und wer Sohn oder Tochter mehr liebet denn mich, der iſt mein nicht werth. [111) Matth. X. 37.

110) Andere Lehren und Grundſätze als die meinigen, mir andichtet, meine Reden, meine Authorität zur Magd entgegengeſetzter Irrthümer mißbraucht, wie ſolch wiſſentlich falſche, boshafte Accommodationen häufig geſchehen.

111) Alle Neigungen, ſelbſt die liebſten und nächſten, müſſen doch dem oberſten göttlichen Geſetz untergeordnet werden, und im Colliſionsfall demſelben nachſtehen. Irgend etwas muß doch das Höchſte und Heiligſte ſeyn und darüber kann nicht jeder ſeine eigenen Begriffe haben; ſonſt gäbe es gar keine gemeinſamen Regeln unter den Menſchen mehr, keine Pflichten, die man fordern, auf deren Erfüllung man ſich verlaſſen könnte. Es darf z. B. einer nicht ſagen: ich liebe meine Eltern oder meine Kinder mehr als die Haltung meiner Verſprechen; ich werde die Religion für ſie verläugnen u. ſ. w. Nur muß man ſich keine falſchen Ideen zu Götzen oder höchſten Geſetzen machen.

Und (Jesus) rekete die Hand aus über seine Jünger und sprach: Siehe da, das ist meine Mutter und meine Brüder.

Denn wer den Willen thut meines Vaters im Himmel, derselbige ist mein Bruder, meine Schwester und Mutter. Matth. XII. 49-50.

§. 26.
Nothwendigkeit von Gehülfen in der Lehre.

Die Erndte ist groß, aber wenig sind der Arbeiter. [112] Matth. IX. 37.

Und er hat etliche zu Aposteln gesetzet, etliche aber zu Propheten, etliche zu Evangelisten, etliche zu Hirten und Lehrern. Ephes. IV. 11.

Und was du von mir (dem Apostel Paulus) gehöret hast durch viel Zeugen, das befiehl treuen Menschen, die da tüchtig sind, auch andere zu lehren. [113] 1 Timoth. II. 2.

[112] Viel wäre zu nützen, viele wären im Evangelio zu unterrichten, und in den Schoos der Kirche zu bringen, aber dazu müssen mehrere Gehülfen seyn. „Darum bittet den Herren der Erndte (Gott, zu dessen Ehre dieses alles geschieht), daß er Arbeiter in seine Erndte sende." Ebend. v. 38. Einer allein kann nicht alle Menschen bessern.

[113] Diese Stelle zeigt überhaupt die natürliche U-

§. 27.
Mildes und freundliches Verband in den geistlichen Staaten.

Dieses beweisen schon die äußerst freundlichen und liebevollen Mosaischen Gesetze unter den Hebräern selbst. Z. B. auch einen erkauften Knecht im siebenten Jahr frey zu lassen; es sey denn, daß er freywillig länger dienen wolle. 2 B. Mos. XXI. 2. ff. Fremdlinge liebreich zu empfangen. 2 B. Mos. XII. 21. 3 B. Mos. XIX. 33. Die Erndte der Aecker und Weinberge nicht gar zu genau einzusammeln, sondern etwas den Armen und Fremdlingen zu lassen. 3 B. Mos. XIX. 9. 5 B. Mos. XXIV. 19—21. Vor einem grauen Haupt aufzustehen und das Alter zu ehren.

hertragung des kirchlichen Lehramts. Die ursprüngliche erste Lehrer hat seinen Geist, seine Einsicht von niemand als von Gott. Jener theilt sie anderen mit, diese wieder anderen, die da treu und tüchtig erfunden werden. Hier ist keine Erblichkeit; der Geist läßt sich nicht an jedermann schenken, nicht von jedem annehmen, wie irdische Güter. Auch geschieht die Sache noch heut zu Tag nicht anders. Die kirchlichen Vorsteher ertheilen das Lehramt den tüchtig und treu Erfundenen; die weltlichen Fürsten und Obrigkeiten wählen sich nur aus denselben angenehme Personen aus und setzen sie in gewiße, von ihnen abhängende weltliche Benefizien ein, aus welchem Grund auch das Patronat-Recht einzelner begüterter Privatpersonen ganz natürlich und rechtmäßig ist.

3 B. Mos. XIX. 33. Die Wiederlosung der für Schulden oder Armuth verkauften Haab von Seite eines Freundes zu gestatten. 3 B. Mos. XXV. 25. Gegen arme Brüder (Hebräer) das Herz nicht zu verhärten, sondern ihnen wohlthätig zu leihen. 5 B. Mos. XV. 7. Knechte und Mägde am siebenten Tag ruhen zu lassen. 5 B. Mos. V. 14. Die freygelassenen Knechte nicht leer von sich gehen lassen, sondern zu beschenken. Ebend. v. 13. ff. Die jungen Verheyratheten im ersten Jahr vom Kriegsdienst zu dispensiren. 5 B. Mos. XXIV. 5 ꝛc. Im Krieg die fruchttragenden Bäume nicht zu verderben. Ebend. 20. Verirrtes Vieh und andere verlohrne Dinge jedermann zuzuführen. 5 B. Mos. XXII. 1. Mit Brüdern nicht zu wuchern (nicht große Zinse zu fordern, von ihrem Bedürfniß nicht allzusehr zu profitiren.) 5 B. Mos. XXIII. 19. 20. Pfänder nicht selbst zu nehmen, sondern zu empfangen und den Dürftigen wieder zu geben. 5 B. Mos. XXIV. 10—13. Selbst in Strafen die Menschlichkeit zu beobachten. 5 B. Mos. XXV. 3. u. s. w. [114]

[114] Geistliche Staaten, geistliche Fürsten sehen ihre Jünger und Gläubigen, ihre geistlich Ueberwundenen (durch Ueberzeugung gewonnenen) als Brüder an, und sind freundlicher als vorher gegen sie gesinnt. In diesem Verhältniß ist immer mehr Liebe, in ihren Gesetzen mehr Moralisches, und das ist auch gar kein Fehler. Wenn schon die Pflichten des Wohlwollens und der Menschlichkeit nicht mit Gewalt erzwungen werden dürfen, so

Stehe hie bin ich, (sagte Samuel) antwortet wider mich vor dem Herrn und seinem Gesalbten: Ob ich jemandes Ochsen oder Esel genommen habe. Ob ich jemand habe Gewalt oder Unrecht gethan. Ob ich von jemands Hand ein Geschenk genommen habe und mir die Augen blenden lassen? So will ich's euch wieder geben.

Sie sprachen: Du hast uns keine Gewalt noch Unrecht gethan und von niemands Hand etwas genommen. 1 B. Sam. XII. 3-4. [115]

> lassen sie sich hingegen allerdings auch von weltlichen Regierungen anempfehlen, einschärfen und ihre Erfüllung indirect durch allfällige Verweigerung ähnlicher Pflichten abnöthigen; denn das ist keine Gewalt, keine Strafe (im eigentlichen Sinn), nur Reciprozität, welche dem Egoisten seine Hülflosigkeit fühlen macht. Es wäre dieser Grundsatz einer ungemein interessanten und fruchtbaren Entwicklung fähig. Auch ist bemerkenswerth, daß Moses, wenn er auch jene moralischen Pflichten gebietet, solche doch freywillig aus Religiosität erfüllt wissen will, auf ihre Unterlassung keine Strafe setzt (sie nicht mit Gewalt erzwingt), da hingegen auf die Verletzung einer strengen Rechtspflicht allemal eine Strafe angeordnet ist.

[115] Giebt es viele weltliche Fürsten, die mit solch reinem Gewissen sprechen und es auf eine frey-

68

Den Contrast zwischen der Milde einer geistlichen und der Härte einer militärischen Regierung stellt eigentlich S a m u e l dar in dem bekannten Capitel 1 B. S a m. VIII. wo er den verblendeten Juden voraussagt, was sie zu erwarten hätten, wenn er ihrer Bitte nachgäbe und einen weltlichen (militärischen) König über sie setzte, welcher statt der Hohenpriester und Richter die höchste (unabhängige) Gewalt besäße. Er prophezeyet ihnen, nicht was sein Recht sey, sondern was man für eines solchen Königes Recht ausgeben werde. Requisition der Söhne und Töchter, jener zu Kriegsdiensten und Frohndiensten, dieser zu Apothekerinnen, Köchinnen u. s. w. v. 11—13. Wegnahme des Eigenthums, um es seinen Knechten auszutheilen. v. 14. Willkührliche Auflagen u. s. w. v. 15—17. Und wenn ihr dann schreyen werdet zu der Zeit über euern König, den ihr gewollt habet, so wird euch der Herr zu derselben Zeit nicht erhören. [116] v. 18.

müthige Antwort ankommen lassen dürften? Könnten sie alles ersetzen, was sie Anderen genommen haben? O! wahrlich man hatte den geistlichen Staaten nicht viel vorzuwerfen! Aber man sah nur den Splitter in fremdem Aug und wollte den Balken in eigenem nicht sehen.

[116] Es wird dann zu spät seyn; die Strafe gebührt Euch für Euere Revolutions- und Neuerungs-Sucht. Auch ward Samuels Prophezeyung erfüllt. Außer David und Salomo hatten die Juden fast lauter schlechte Könige; das Reich gieng von jener Veränderung an unaufhaltsam seinem Ruin entgegen.

Ihre Güter und Haabe verkauften sie und theileten sie aus unter alle, nachdem einem jeden Noth war. Apostelgesch. II. 46. [117]

Die Menge aber der Gläubigen war ein Herz und eine Seele. Auch keiner sagte von seinen Gütern, daß sie sein wären, sondern es war ihnen alles gemein. [118] Apostelgesch. IV. 32.

[117] Daß dieses keine gesetzliche Gemeinschaft der Güter, wie man es fälschlich auslegt, keine Verwerfung oder Aufhebung des Eigenthums, sondern nur freywillige Wohlthätigkeit gewesen sey, ergiebt sich aus Apostelgesch. Kap. V. 1—4. wo Petrus dem Ananias vorwirft, daß er einen Theil seines zu Handen der Gemeinde verkauften Guts heimlich zurückbehalten, das übrige aber doch als den ganzen erlösten Werth angegeben habe und ihn sodann mit folgenden Worten anredet:

„Hättest du ihn (den Acker) doch wohl mögen „behalten, da du ihn hattest; und da er verkauft „war, war es auch in deiner Gewalt. Warum „hast du dann solches in deinem Herzen vorge„nommen, du hast nicht Menschen, sondern Gott „gelogen," v. 4. (dem Allwissenden, oder wie es hier vielmehr bedeutet, „der Kirche als dem Hause Gottes, der Anstalt zur Erhaltung und Verbreitung seiner Gesetze.")

[118] In gleichem Sinn, wie vorher, nicht als ob diese Güter nicht jedem als Eigenthum gehör-

§. 28.

Ursachen des Untergangs — Verlassung der Lehre. [119]

Deinen Fels, der dich gezeuget hat, hast du aus der Acht gelassen, und hast verhätten; aber sie gebrauchten es nicht so ausschliesend, sie theilten davon mit, sie cedirten von ihrem Recht, als ob es allen gemein wäre. Im Anfang bey kleinen und armen Gemeinden ist dieses auch allerdings nöthig, weil sie sonst nicht bestehen könnten.

Uebrigens wird diese Milde der geistlichen Staaten durch alle Zeiten bestätiget, daher auch das alte Sprüchwort, daß unter dem Krummstab gut zu wohnen sey. Bischöfe und Klöster haben den Wissenschaften und Künsten, den Kranken, Armen und Bedrückten am meisten genützt. Sie gaben zuerst das Beyspiel, ihre Untergebenen von harten beschwerlichen Diensten zu befreyen; sie schafften Wüsteneyen in Gärten um; sie baueten mehr an, als Legionen zerstöret hatten. Ihnen verdankten viele Communen ihre Existenz, ihren Wohlstand, sogar ihre Freyheit, indem die Geistlichen über weltliche Rechte nicht so eifersüchtig waren, oder wenigstens nicht fremde zu usurpiren suchten. Es zeugt von einer gänzlichen Unwissenheit oder von Treulosigkeit an der ganzen Geschichte, ihnen diese Verdienste rauben zu wollen.

119) Geistliche Staaten, als die ursprünglich nur auf

gessen Gottes, der dich gemacht hat. [120]
5. B. Mos. XXXII. 18.

die Macht einer heiligen Lehre und auf Glauben gegründet sind, gehen natürlicher Weise zu Grund, sobald dieses Fundament ihrer Existenz weggehoben oder erschüttert wird, und entweder das Ansehen der Lehre oder der Glaube wegfällt. So gieng es allen ohne Ausnahm. So sagte auch Moses in prophetischem Geist voraus, daß mit dem Glauben und dem Geist der Väter, mit der Beobachtung seiner Gebote das Reich der Juden stehen und fallen werde.

[120] So geht es mit allen, auch den weltlichen Staaten. Ihr Verfall ist unausbleiblich, sobald sie die Kräfte und Tugenden (den Fels) verlassen, durch den sie erschaffen worden: Fürsten die nützliche Macht, wohlerworbnen Reichthum, Wachsamkeit, Geschicklichkeit; Republiken den Geist der Einigkeit, des Zusammenhaltens u. s. w. Auch auf die Wissenschaften läßt sich jener schöne Spruch mit besonderer Wahrheit anwenden. Sie verfallen jetzt fürchterlich, sie sinken in Barbarey und Verachtung zurück, weil sie die Religion, die Quelle und den Zweck aller Wissenschaften verlassen haben, sie, die allen übrigen Kenntnissen erst Fundament, Interesse und hinreißenden Zauber giebt, sie, deren alle hohen und niederen Schulen Ursprung und Unterhalt verdankten, die Kirche, jene gute Mutter, die den wahren Gelehrten reichliche Belohnungen zufließen,

Wenn man fragen wird, warum hat der Herr diesem Land und diesem Hause also gethan? So wird man antworten: darum, daß sie den Herrn ihren Gott verlassen haben, der ihre Väter aus Egyptenland führte und haben angenommen andere Götter und sie angebetet und ihnen gedient. 121) Darum hat der Herr all dieß Uebel über sie gebracht. 1. B. Kön. IX. v. 9.

Mein Volk ist dahin, darum daß es nicht lernen will. Denn du verwirfest Gottes Wort, darum will ich dich auch verwerfen, daß du nicht mein Priester seyn sollst. 122) Du vergissest des Herrn deines Gottes, darum

<blockquote>
sie nicht in Dunkelheit und Armuth darben ließ. Dafür wollen die Undankbaren den obersten Grund alles Wissens, göttliche Natur-Anstalten und göttliche Pflicht-Gesetze läugnen. „Sie haben „den Fels aus der Acht gelassen, der sie gezeuget „hat, und Gottes vergessen, der sie gemacht hat."

121) Sie sind von der Religion und dem Glauben ihrer Väter abgefallen oder haben allgemeinen Tolerantismus aller Irrlehren eingeführt, wie dieß die spätern jüdischen Könige thaten.

122) Daß du nicht mehr das höchste Ansehen und weder Glauben, noch Einfluß in der Welt mehr haben wirst, sondern wirst verachtet und zertreten werden. Geht es nicht dem heutigen gelehrten Stand auch so?
</blockquote>

will ich auch deiner Kinder vergessen. Hosea IV. 6. 123)

§. 29.
Erhaltungsmittel der geistlichen Staaten.

(Die geistliche Macht muß als die Hauptsache betrachtet werden.) Trachtet am ersten nach dem Reiche Gottes und nach seiner Gerechtigkeit, so wird euch solches alles (Essen und Trinken 2c.) zufallen. Denn euer himmlischer Vater weiß wohl, daß ihr dessen bedürfet. Matth. VI. 33. Luc. XII. 31. 124)

123) Wären die geistlichen Staaten unserer Tage vernichtet worden, wenn die Religion, auf der sie beruhten, noch lebendiger in den Gemüthern geherrscht hätte? O! gewiß, man würde sie nicht anzutasten gewagt haben, sie hätten viel mehrere Freunde und Beschützer gefunden. Und das ganze zu Boden getretne Europa, wem verdankt es sein jetziges Unglück als der herrschend gewordenen Irreligion, dem Dünkel, der die Welt anders einrichten wollte, als Gott sie geordnet hat, dem Mangel an Gewissenhaftigkeit, an Nächstenliebe, an Muth, an Seelenkraft, ohne welche nichts Heiliges, nichts Festes mehr ist, ohne die alle Prinzipien falsch sind, alle Zwecke mißlingen, alle Maßregeln verkehrt ausfallen müssen.

124) Jesus sagt gar nicht, daß die Geistlichen nichts

sollen besitzen dürfen, sondern nur, daß sie die Herrschaft der religiosen Gebote (das Reich Gottes) sich als ersten und vorzüglichsten Zweck sollen angelegen seyn lassen; dann werde ihnen das Uebrige von selbst zufallen (gegeben werden), wie es auch die Geschichte überall bestätiget hat. Mit dem Ansehen der Religion stiegen die Erhaltungsmittel der Kirche, mit dem Verfall von jener fielen sie wieder hinweg. So hat auch der bekannte und so oft neidisch und übel ausgelegte Spruch: „Mein Reich ist nicht von dieser Welt" gar nicht den Sinn, daß die Geistlichen keine weltlichen Güter zu ihrem Unterhalt sollen besitzen können; sonst müßte auch kein Pfarrer mehr einen Garten oder eine Wiese besitzen, noch über seine Kinder, Hausgenossen und Diener gebieten dürfen. Jener Spruch bedeutet bloß, daß ihr Ansehen und Einfluß nicht auf zufälligen weltlichen Gütern, sondern auf der Ueberlegenheit an Geist, auf der gebietenden Kraft göttlicher Gebote beruhe, daß er bloß auf die Gemüther gehe. Auch sagte ihn Jesus nur, weil man ihn fälschlich beschuldigte, daß er weltlicher König der Juden werden wolle. Ist aber gleich die Herrschaft einer solchen Religion nicht von dieser Welt, d. h. nicht sinnlich, sondern geistig: so sind hingegen ihre Häupter und Diener von dieser Welt; sie sind Menschen wie andere, sie bedürfen Speis und Trank, Wohnung und Kleidung, und können in dieser Rücksicht nicht immer von anderen abhängig seyn, sonst würde die Religion all ihr Ansehen, ihre Wür-

**(Verschiedene Vehikel zu Beybringung der Lehre.)
Darum rede ich zu ihnen durch Gleichnisse;
denn mit sehenden Augen sehen sie nicht, und
mit hörenden Ohren hören sie nicht; denn sie
verstehen es nicht.** 125) Matth. XIII. 13.

bé, ihre Reinigkeit verlieren, sie würde nicht mehr die Dienerin Gottes und seiner Gesetze, sondern bloß die Magd der weltlichen Brodherren seyn. Aber das sollen die Geistlichen nie vergessen, daß die Religion die Hauptsache, Güter und Einkünfte nur Nebensache, Folge und Zugabe sind; will man also den geistlichen Stand und sein Ansehen wieder heben (woran jetzt viele denken, die durch Schaden klug geworden) so muß man bey dem Fundament anfangen, vor allem nach dem Reich Gottes trachten, den Geist der Religion in den Gemüthern wecken, beleben, verbreiten; dann wird das Uebrige von selbst kommen, die Jünger werden ihre Lehrer nicht in Armuth und Verachtung bleiben lassen.

125) Sie sehen immer nur Worte, Thatsachen, Begebenheiten, aber den Geist und Grund davon, die verborgne Lehre erkennen sie nicht. Ach! wie viele, selbst sogenannt gebildete, giebt es nicht in unsern Tagen, die mit sehenden Augen nicht sehen, mit hörenden Ohren nicht hören. Sie begaffen Bilder und erblicken weder Haltung noch Composition, noch Ausdruck und   eck; sie lesen Bücher und wissen weder den uptgedanken, noch Ordnung und Methode, die herrschende

76

Denn wem man noch Milch geben muß, der ist unerfahren im Worte der Gerechtigkeit, denn er ist ein junges Kind. Den Vollkommenen aber gehöret starke Speise, die durch Gewohnheit haben geübte Sinne zum Unterschied des Guten und Bösen. Hebr. V. 13 — 14. [126)]

Seele nicht aufzufassen; sie sehen Europa aus seinen Wurzeln gehoben und in Trümmern, alles Herrliche zertreten, kein Recht mehr respektirt oder gehandhabet, Reichthum, Wohlstand, Wissenschaften, Künste, Tugend und alle edeln Gesinnungen in schreckhafter Abnahm, alle Völker in Jammer und Thränen; aber das alles sind ihnen nur Neuigkeiten, Geschichten; die Quelle von dem allem, die falschen Grundsätze, den verkehrten Zeitgeist, die sophistische Gottlosigkeit, die sehen sie nicht, hören sie nicht, bessern sich nicht. Jene Revolutions-Prinzipien scheinen ihnen doch wahr, sie werden doch noch gelehrt und angehört, viele hängen ihnen noch an, die von denselben sehr entfernt zu seyn glauben.

126) Gleichwie nicht jede Speise allen Menschen zuträglich ist und doch alle genährt werden sollen: so verhält es sich auch mit der Nahrung des Geistes oder den verschiedenen Mitteln zur Beybringung der Wahrheit. Der eine mag viel, der andere wenig vertragen, und was für den einen

(**Einheit des Glaubens.**) Du sollst keine andern Götter haben vor mir. 2. B. Mos. XX. 3. 5. B. Mos. V. 7.

Und sollt nicht andern Göttern nachfolgen, der Völker, die um euch her sind. Ebend. VI. 14.

Niemand kann zweyen Herren dienen; entweder er wird den einen hassen und den andern lieben, oder er wird einem anhangen und den andern verachten. Ihr könnet nicht Gott dienen und dem Mammon. [127) Matth. VI. 24.

genügt, befriedigt den andern noch nicht; es giebt verschiedene Unterrichts-Methoden, einen Vortrag für die Gelehrteren und einen für die Ungelehrten. Jene fordern festere Begründung, genaue Definitionen, scharfe Unterscheidungen, strenge Beweise, methodische Ordnung, eine ganze Kette von Wahrheiten, die sie zu fassen und zu übersehen vermögen. Für diese hingegen gehören nur die Resultate und fruchtbare Anwendungen, Gleichnisse, Bilder u. s. w. die ihnen das Sehen und das Nachdenken erleichtern. Jenes Schulgerechte und Systematische schickt sich z. B. nicht auf die Kanzel, dieses Populäre nicht auf den Lehrstuhl, weil sonst beyde ihres Zwecks verfehlen würden.

127) Man kann nicht entgegengesetzten oder gar wider-

Sehet euch vor vor den falschen Propheten, die in Schaafskleidern zu euch kommen, [128] *inwendig aber sind sie wie reißende Wölfe.* [129] *An ihren Früchten sollt ihr sie erkennen.* Matth. VII. 15.

sprechenden Grundsätzen zugleich anhängen, nicht die Wahrheit und die Lüge oder ihre Bekenner zu gleicher Zeit hochschätzen, nicht göttliche Gesetze zu verehren vorgeben und die Lehren des Satans preisen. Solch angebliche Toleranz ist Nichtswürdigkeit, schändliche Gleichgültigkeit an allem Heiligen, Untreu an Gott und an seiner Pflicht. Sie ist sogar nicht möglich und daher gewöhnlich nur Heucheley, wo man im Grund das Schlechtere vorzieht. Gegen unschuldig Irrende, welche jedoch die Wahrheit suchen und annehmen, soll und darf man freylich liebreich und duldend seyn, aber nicht gegen erwiesenen gefährlichen Irrthum selbst.

128) Die sich mit glatten und gleißnerischen Worten gutmüthig stellen, z. B. immer die Worte Vernunft und Recht, Liberalität, Humanität u. s. w. äusserlich im Munde führen; die scheinheilig daher kommen, von Liebe und Duldung gegen alle Missethaten und verderbliche Grundsätze sprechen, unter dem Namen von Freyheit Untreu und Pflichtverletzung predigen u. s. w.

129) Versteht man ihren geheimen Sinn, zergliedert man ihre Grundsätze und die Consequenzen, welche sie daraus ziehen oder die von selbsten folgen:

Ich ermahne euch aber, liebe Brüder, daß ihr allzumal einerley Rede führet und lasset nicht Spaltungen unter euch seyn, sondern haltet fest an einander in einerley Sinn und einerley Meynung. 1. Corinth. I. 10. [130]

Wie wir jetzt gesagt haben, so sagen wir Euch abermal: So jemand euch Evangelium predigt, anders denn das ihr empfangen habt, der sey verflucht. [131] Galat. I. 9.

so werfen sie alle Pflichtgesetze über den Haufen, sie sind Feinde aller Menschen, es ist kein Recht, kein Eigenthum vor ihnen sicher. O! wie viele dergleichen falsche Propheten gab es nicht in unseren Zeiten, wie wenig hat man sich vor ihnen gehütet? Wie sie noch jetzt durch ihre Schaafskleider die Menge betrügen? Man hat sie nicht einmal an ihren Früchten erkannt, man ist weder durch fremde Erfahrung noch durch eigenen Schaden klug geworden.

[130] Ohne Einheit der Lehre und des Glaubens kann keine Kirche bestehen. Solche Spaltungen sind der Ruin aller geistlichen Gesellschaften, folglich auch der Religion, zu deren Verbreitung und Befestigung sie gegründet und befestiget worden sind.

[131] Alle Geistliche sollten sich stets erinnern, daß sie Christi Brod essen, daß die Güter und Einkünfte, von denen sie leben, ihnen gegeben worden

Und seyd fleißig zu halten die Einigkeit im Geist. Ein Herr, ein Glaube, eine Taufe. Ephes. IV. 3 und 5.

(Kampf gegen falsche Lehren.) Ihr sollt nicht wähnen, daß ich kommen sey, Friede zu senden auf Erden. Ich bin nicht kommen, Friede zu senden, sondern das Schwert.

Denn ich bin kommen, den Menschen zu erregen wider seinen Vater, und die Tochter wider ihre Mutter, und die Schnur wider ihre Schwieger.

Und des Menschen Feinde werden seine eigenen Hausgenossen seyn. Matth. X. 34—36. Luc. XII. 52—53. 132)

sind, um die Lehre Christi vorzutragen, nicht um sie herabzuwürdigen oder diese und jene ihr entgegengesetzte Sophistereyen auszukramen. Ein natürlicher Fluch, üble Nachrede mit allen ihren Folgen trifft solche Untreu. Dergleichen Prediger eines falschen Evangeliums verlieren Ansehen, Einfluß, Zutrauen, Würden, Reichthümer, alles zusammen.

132) Eine der schwersten, aber auch der tiefsinnigsten Stellen im ganzen Evangelio, die von Unverständigen so leicht mißdeutet und zum Nachtheil der christlichen Religion ausgelegt werden kann. Und doch ist sie so einfach und schön, sobald man sie im wahren, d. h. im geistigen Sinne versteht. Der

Krieg, von welchem hier gesprochen wird, ist ein geistiger Krieg, den Jesus gegen die herrschenden falschen Grundsätze seiner Zeit beginnen mußte; die Stelle zielt auf nichts anders als auf den nothwendigen und heilsamen Kampf des Guten gegen das Böse, der wahren gegen die falschen Lehren, welcher Kampf freylich, wie alle entgegengesetzte Meynungen, anfänglich Widerstand und Streit, selbst im Inneren der Familien verursachet, aber auch, wie jeder gerechte Krieg, das einzige und sicherste Mittel zum künftigen wahren Frieden ist. Solchen Kampf aber ist man dem Dienste Gottes, der Pflicht gegen die Wahrheit schuldig; denn wer das Böse nicht hasset, der liebt das Gute nicht, und wer jeden Irrlehrer oder Bösewicht zu beleidigen fürchtet, der kann auch den Rechtschaffenen nichts nützen. Es ist eine schändliche Verdrehung der christlichen Religion, wenn man behauptet, daß sie uns befehle, auch das Böse, Laster und Verbrechen zu dulden oder gar zu lieben. Liebe heißt in der Sprache des Evangeliums Gottes heiliges und jedermann nützliches Gesetz erfüllen, nicht nur nicht schaden, sondern wohlthun, nützen, helfen, die Rechte und das Glück anderer Menschen befördern. S. Joh. XIV. 15. 21. XV. 12. und 1. Ep. Joh. V. 3. Schaden abwenden, Böses werkthätig zu hindern, ist aber auch Wohlthun und gehört zur Liebespflicht. Was insbesondere den Kampf gegen falsche Lehren betrifft, so ist er nicht nur eine der schwersten Tugendpflichten, wozu besonders viel Einsicht, Muth

Denn solche falsche Apostel und trügliche Arbeiter verstellen sich zu Christus Aposteln. 133)

und Aufopferung gehört, sondern man kann auch z. B. in unseren Zeiten mit Gewißheit voraussehen, daß die gegenwärtig fast in allen Gemüthern herrschende Zweytracht, geheime Feindschaft und Erbitterung nie aufhören wird, bis die irreligiösen sophistischen Prinzipien, von denen sie herrührt, in allen Köpfen vernichtet seyn und die alten und wahren Grundsätze mit neuem Glanz über sie triumphirt haben werden; bis wieder in den wichtigsten Dingen ein Herz, ein Glaube, eine Seele seyn wird, wobey für das Gebiet der bloßen Meynungen, nämlich in ungewißen oder zukünftigen Dingen, in Klugheitsregeln u. s. w. noch genug Spielraum übrig bleibt. Solchen Kampf nun muß man nicht fürchten, sondern eher begünstigen; hätte man ihn früher angefangen, so würde es mit dem Uebel nie so weit gekommen seyn.

133) Sie tragen sein Kleid, sie bedienen sich seines Sprachgebrauchs, sie citiren einzelne Stellen außer allem Zusammenhang, legen ihnen aber absichtlich einen ganz entgegengesetzten, verkehrten Sinn unter, sie schmücken sich anscheinend mit seiner Autorität, um ihren Irrlehren desto größeren Glauben zu verschaffen. Von dieser Treulosigkeit, einer wahren Calumnie gegen Christus, könnte man aus unsern Zeiten die frappantesten Beyspiele anführen. Gelehrtere werden wissen, welch abscheuliche Doctrinen, die Umstürzung al-

83

Und das ist auch kein Wunder, denn er selbst, der Satan, verkleidet sich in einen Engel des Lichts. [134)]

Darum ist es nicht ein Großes, ob sich auch seine Diener verstellen als Prediger der Gerechtigkeit, welcher Ende seyn wird nach ihren Werken. [135)] 2. Corinth. XI. 13—15.

ler geselligen Verhältniße und Pflichten, die herzlose Gleichgültigkeit gegen alle engeren und näheren Bande der Menschen von einer bekannten Sekte für reine Christuslehre ausgegeben worden sind.

134) Der böse Geist nimmt den Schein der Wissenschaft an, redet viel von Vernunft und Verstand, nennt sich und seine Anhänger aufgeklärt, oder erleuchtet, obgleich, wenn man ihre Behauptungen näher untersucht, in ihnen nichts als Unvernunft, Unwissenheit und Widerspruch zu finden ist. Namen kann sich ein jeder geben, wie er will, aber er ist deßwegen nicht das, wofür er sich ausgiebt.

135) Glaubt man nicht, der Apostel spreche in unsern Zeiten. Die abscheulichsten Grundsätze, die Diener alles Bösen, sind gerade in den vorgeblichen Rechtslehren, dem Troß von sogenannten Naturrechts-Compendien enthalten, welches ehmals religiös begründet war, nun aber zu einer Theorie der Lieblosigkeit und des naturwidrigen Unrechts entwürdiget worden ist. Das Ende solcher Rechtsprediger wird seyn nach ihren Werken, sie werden

Eifern ist gut, wenns immerdar geschieht um das Gute. 136) Galat. IV. 18.

Zuletzt, meine Brüder, seyd stark in dem Herrn und in der Macht seiner Stärke.

Ziehet an den Harnisch Gottes, 137) daß durch die Anwendung der nemlichen Doctrinen zu Grund gerichtet, welche sie selbst aufgestellt haben. Von ihnen sagten schon die Alten: Dirue juristas, Deus Satanæ citharistas. Herr! zerstöre die Juristen, sie sind des Satans Citharisten (Guitarresänger).

136) Eifer für das Gute zeigt Kraft, Thätigkeit, Muth, warmes Interesse für Recht und Pflicht. Ohne ihn geschieht nichts Gutes auf Erden. „Denn der „Herr heißet ein Eiferer, darum daß er ein eiferiger „Gott ist." 2. B. Mos. XXXIV. 14. Heut zu Tag hingegen heißt jeder tugendhafte Eifer sogleich Animosität, Heftigkeit, Bitterkeit, Leidenschaftlichkeit, Polemik u. s. w. Darum werden auch alle Rechtschaffenen muthlos, und es triumphiren die Bösen, die für ihre Sache Eifer genug haben. Unter dem Vorwand von Mäßigung will man nur matte, schwache, geistlose Rede; man raubt der Wahrheit alle Kraft, allen Nachdruck, alles was in das Gemüth eindringt und Ueberzeugung bewirkt.

137) Die Kraft der Wahrheit, die Uebereinstimmung mit der äußeren und inneren Natur, die unwiderstehliche Evidenz, die unangreiflich und unverwundbar macht. Man könnte auch jede gründliche Einsicht, jede starke Vernunft, zum Wahren und Guten angewendet, einen Harnisch Gottes nennen,

ihr bestehen könnet gegen die listigen Anläufe des Teufels. 138)

Denn wir haben nicht mit Fleisch und Blut zu kämpfen, sondern mit Fürsten und Gewaltigen, nämlich mit den Herren der Welt, mit den bösen Geistern unter dem Himmel. 139)

Um deßwillen so ergreifet den Harnisch Gottes, auf daß ihr, wenn das böse Stündlein kommt, 140) Widerstand thun und alles wohl ausrichten und das Feld behalten möget.

So stehet nun, umgürtet eure Lenden mit Wahrheit und angezogen mit dem Krebs 141) der Gerechtigkeit.

138) Gegen die Scheingründe und Sophistereyen der Verfechter der Bosheit und des Irrthums.

139) Mit den falschen Weisen, den verkehrten Grundsätzen und Maximen, welche die eigentlichen Herren der Welt sind, indem sie selbst die Handlungen der Fürsten und Gewaltigen leiten. Eine Doctrin, eine Regel des Willens ist immer herrschend; ist es nicht die wahre, so ist es eine falsche.

140) Wenn euere Widersacher auftreten, wenn die Zeit der Anfechtung kömmt.

141) Krebs bedeutet hier einen Harnisch oder einen Schild, weil sie in Form einer Krebsschaale gebildet waren. Dieser Schild der Gerechtigkeit,

Und an Beinen gestiefelt, als fertig zu treiben das Evangelium des Friedens, damit ihr bereitet seyd. 142)

Vor allen Dingen aber ergreifet den Schild des Glaubens, 143) mit welchem ihr auslöschen könnet alle feurige Pfeile des Bösewichts.

Und nehmet den Helm des Heils und das Schwert des Geistes, welches ist das Wort Gottes. Ephes. VI. 10—17. 144)

der reine Wille, der allen Menschen nützt, der jedem das Seinige läßt, verschafft ihrem Bekenner eine unglaubliche Stärke, giebt keine Blöße, nimmt allen Angriffen ihre Wirkung.

142) Fleißig, thätig, unermüdet zur Verbreitung der wahren Lehre, nicht träge, schläfrig, muthlos, wie in unseren Tagen die Verfechter des Christenthums und der Ordnung waren.

143) Die innere lebendige Ueberzeugung, das Vertrauen auf Gott, die unerschütterliche Hoffnung auf den Sieg des Guten, welche unglaublich viel zur Ueberzeugung anderer und zum Siege selbst beyträgt.

144) Den lebendigen Geist, Scharfsinn, der das Wesen der Dinge auffaßt, der nicht an todten Worten und Formeln hängt, der sich beynah in allen Sprachen auszudrücken, allen Menschen verständlich zu machen weiß, der eigentliche Charakter der Wahrheit, welche wirkt wie eine Stimme Gottes.

87

Und strafe die Widerspenstigen, ob ihnen Gott dermaleins Buße gebe, die Wahrheit zu erkennen. 145) 2. Timoth. II. 25.

Seyd nüchtern und wachet, denn euer Widersacher, der Teufel, gehet umher wie ein brüllender Löwe, und suchet welchen er verschlinge. 146) 1. Petri V. 8.

145) Zerstöre ihre Scheingründe und Sophismen, entlarve ihre Absichten, zeige ihre Unwissenheit, demüthige den Dünkel ihrer falschen Wissenschaft; denn das ist auch eine Strafe, welche die Macht zum Schaden nimmt oder Besserung zum Zweck und oft zur Folge hat. Ist aber die Besserung vorhanden, der Irrthum verlassen, die Wahrheit erkannt: so fällt auch hier die Nothwendigkeit der Strafe weg. Man kann aus dieser und aus allen vorigen Stellen schließen, ob es dem Evangelio angemessen gewesen sey, unter dem Vorwand von Liebe und Duldung (gegen das Böse) alle Polemik, d. h. alle Verfechtung der Wahrheit, alle Bekämpfung heilloser Irrthümer abzuschaffen oder zu verbieten. Waren das nicht auch Wölfe in Schaafskleidern?

146) Laßt euch nie einschläfern, werdet nie sorglos, gebt acht auf alles, was gegen euch unternommen und getrieben wird; denn euere Widersacher, die falschen Weisen, die Feinde der Religion gehen umher, predigen unter allen Gestalten, und suchen, wo sie einen sonst gesunden Kopf anstecken

(Standhaftigkeit im Kampf für gute Lehre.) Denn wo viel Weisheit ist, da ist viel Grämens, und wer viel lehren muß, der muß viel leiden. [147] Pred. Sal. I. 18.

Mein Kind, willst du Gottes Diener seyn, [148] so schicke dich zur Anfechtung. Sirach II. 1.

Halte dich an Gott [149] und weiche nicht, auf daß du immer stärker werdest. Ebend. v. 3.

irgend ein herrliches Gemüth verderben können. Brüllet nicht der böse Geist unserer Zeit, durch alles, wodurch man brüllen (seine Stimme weit vernehmen lassen) kann, in gelehrten und nicht gelehrten Zeitungen, in Journalen, auf Lehrstühlen, sogar in Kinderschriften, Dichtungen, Musikalien, Schauspielen, in so vielen Büchern aller Art.

[147] Von denen, deren Eigenliebe dadurch beleidiget wird, oder weil die Lehre an und für sich einen Tadel ihrer Grundsätze und Handlungen enthaltet.

[148] Seine Gesetze lehren, befolgen, handhaben, allem anderen vorziehen.

[149] An der Wahrheit und Pflicht; gieb von derselben nichts nach, besonders nicht in der Doctrin. Das ist auch allerdings das beßte Mittel, um immer stärker zu werden, immer mehr Anhang und Glau-

Wehe denen, so an Gott verzagen und nicht festhalten, und dem Gottlosen, der hin und wieder wanket. 150)

Wehe den Verzagten, denn sie glauben

ben zu finden. Nur dem Mächtigen, dem Festen, schließen sich die Schwachen an und dem Standhaften hilft zuletzt das Glück. Aber Eigensinn und Hartnäckigkeit im Irrthum ist nicht Festhaltung in der Wahrheit, sondern das grade Gegentheil derselben; ersteren soll man aufgeben, sobald man ihn erkennt. Das ist auch keine Schande; denn gerade dadurch leistet man den Beweis, daß man wenigstens Gott liebte, die Wahrheit suchte. Sie nicht gefunden zu haben ist keine Sünd; aber sie zu verstoßen und zu verschmähen, auch da, wo man sie erkennt, oder ihr gegen innere Ueberzeugung untreu zu werden, das ist unverzeihlich.

150) Die an der göttlichen Kraft des Guten und Wahren verzweifeln, die immer sagen, es sey alles vergeblich, es nütze doch nichts, oder denen, die bald diesen bald jenen Grundsätzen fröhnen, bald die Gesetze Gottes, bald die Lehren des Satans predigen, Wahrheit und Lüge mit einander vereinigen, auf allen Achseln tragen, es zwar nicht mit den Guten aber auch nicht mit den Bösen verderben wollen u. s. w. Dergleichen Menschen gab und giebt es viele in unsern Tagen. Sie schaden am meisten.

nicht, darum werden auch sie nicht beschirmet. 151) Ebend. II. 14—15.

Man lese überhaupt das ganze zweyte Kapitel in Sirach.

Und wer nicht sein Kreuz auf sich nimmt und folget mir nach, der ist mein nicht werth. 152) Matth. X. 38.

Denn euch ist gegeben, um Christus Willen zu thun, daß ihr nicht allein an ihn glaubet, sondern auch um seinetwillen leidet. 153) Philipp. I. 29.

151) Sie finden auch kein Zutrauen, keinen Beyfall, keine wahren und standhaften Freunde.

152) Wer jede Anfechtung, jede Verdrießlichkeit fürchtet, wer um der Wahrheit und Tugend willen nicht auch Haß und Feindschaft zu leiden weiß, der ist nicht werth, ein Bekenner und Verbreiter derselben zu seyn. Hinweg mit ihnen aus der Gesellschaft der Freunde Gottes. Wenigstens sollten sie nie ein Lehramt bekleiden wollen.

153) Viele christliche Religionslehrer in unseren Tagen glaubten zwar noch innerlich an Christum und an die Wahrheit seiner Religion; aber sie scheuten sich, ihn öffentlich zu bekennen, sie wollten sich nicht Feinde machen, sie zogen ihre Ruh und eitle Lobsprüche ihrer Gegner vor, sie accommodirten sich sogar mit denselben und erleichterten ihnen den Triumph. Kurz sie wollten nicht

𝔇𝔢𝔫𝔫 𝔢𝔰 𝔦𝔰𝔱 𝔟𝔢𝔰𝔰𝔢𝔯, 𝔰𝔬 𝔢𝔰 𝔊𝔬𝔱𝔱𝔢𝔰 𝔚𝔦𝔩𝔩𝔢 𝔦𝔰𝔱, daß ihr von Wohlthat wegen leidet, denn von Uebelthat wegen. [154] 1. Petri III. 17.

um seinetwillen leiden, sie vergaßen, daß sie sein und seiner Kirche Brod essen, daß sie ihm einen Eid der Treue geschworen haben und daß man im Dienste weltlicher Herren oft eben so gut leiden muß.

154) Durch die reine und standhafte Bekennung der Wahrheit und Pflicht macht man sich zwar unausbleiblich Feinde, zumal wenn sie etwa gegen die herrschenden falschen Grundsätze und schlechten Handlungen anstößt. Das ist gar nicht anders möglich, und war zu jeder Zeit das Loos aller großen Männer. Aber durch Empfehlung oder Beförderung des Irrthums und der Bosheit macht man sich ebenfalls Feinde, ja oft noch ärgere, und wenn also dieses Inkonvenient nie ganz vermieden werden kann, so ist es besser, man leide wegen der Erfüllung als wegen der Verletzung seiner Pflicht, von Wohlthat als von Uebelthat wegen. Jesus Christus zog sich auch Feindschaft zu von den Pharisäern und Schriftgelehrten, deren Scheinheiligkeit und geistlose Schulgelehrsamkeit er zu Schanden machte. Aber zuletzt erhielt er doch mehr Freunde, seine Nachfolger kamen auf den Thron, sein Name und seine Lehre werden seit 1800 Jahren in aller Welt gepriesen.

Leide dich als ein guter Streiter Jesu Christi. 1. Timoth. II. 3. Und so jemand auch kämpfet, wird er doch nicht gekrönt, er kämpfe dann recht. 155) Ebend. v. 5.

(Unterschied des Aberglaubens von dem Geist der Religion.) Aber vergeblich dienen sie mir, dieweil sie lehren solche Lehren, die nichts, denn Menschengebote sind. 156) Matth. XV. 9. Marc. VII. 7.

155) Er zerstöre die Sophismen, er greife die Hauptsache an, womit das ganze Luftgebäude zusammenfällt, er stelle dagegen die wahre Lehre mit neuem Glanze auf, er kämpfe gründlich, muthig, standhaft, mit allen Arten von Waffen. Solcher Kampf allein wird vom Siege gekrönt. Viele kämpften zwar in unseren Tagen für Religion und Staaten, aber sie kämpften nicht recht; sie giengen nicht von den wahren Prinzipien aus, halb und halb waren sie immer mit dem Feinde einverstanden, suchten ihn noch zu schonen, wußten nichts Besseres und Haltbares aufzustellen.

156) Alle Menschengebote, Kirchen-Institute, Gebräuche, Ceremonien, Feste, Disziplinen u. s. w. sind freylich nicht unnütz, noch überflüßig. Sie sind Sinnbilder, Vehikel, Hülfsmittel zur Religion, d. h. zur Erweckung und Belebung pflichtmäßiger Gesinnungen, aber nur in dieser Hinsicht etwas werth, an und für sich allein nichts. Wer hingegen diese bloßen Mittel für die

Hauptsache hält, sie ausschließend treibt oder empfiehlt, mit ihnen allein alles gethan zu haben glaubt und darüber den Geist und Zweck selbst vergißt oder vernachläßiget: der ist abergläubisch, er weiß nichts von der Religion, er dienet ihr nicht, er lehrt nur Menschengebote. Eben so ist es in allen anderen Wissenschaften und Künsten, wo so oft bloße Mittel für den Zweck gehalten werden, vorzüglich aber in der Rechtsgelehrsamkeit und in der Staatsverwaltung. Positive Gesetze, nähere Bestimmungen und Formen, Uebungen, Gebräuche u. s. w. sind bloße Hülfsmittel zu Handhabung des natürlichen Rechts oder zu Erreichung dieses oder jenes erlaubten Endzwecks, und haben in dieser Hinsicht oft ihren guten Nutzen. Die Ausdrücke oder Worte selbst sind nur ein Kleid der Gedanken, ein Mittel, um anderen seinen Sinn verständlich zu machen. Aber an und für sich sind sie nicht wesentlich, nicht die Sache selbst; sie können so oder anders seyn. Ihre relative Nützlichkeit ganz zu läugnen, wäre ein ungereimter Unglaube. Wer aber diese bloßen Formen und Mittel für die Hauptsache, für die Gerechtigkeit selbst hält, darüber sogar diese letztere als den Endzweck hintansetzt oder aufopfert; wer nur auf Formen, nicht auf das Wesen, nur auf das Zeichen, nicht auf den bezeichneten Gegenstand sieht: der ist am legistischen Aberglauben krank, blödsinnig und geistlos. Vergeblich rühmt sich ein solcher der Wahrheit und Gerechtigkeit, oder gar

(Wandel der Geistlichen.) Es soll aber ein Bischof unsträflich seyn, eines Weibes Mann, [157] nüchtern, mäßig, sittig, gastfrey, lehrhaftig.

Nicht ein Weinsaufer, nicht pochen, nicht unehrliche Handthierung treiben, sondern gelinde, nicht haderhaftig, nicht geizig.

Der seinem eigenen Hause wohl fürstehe, der gehorsame Kinder habe, mit aller Ehrbarkeit.

(So aber jemand seinem eigenen Hause nicht weis fürzustehen, wie wird er die Gemeine Gottes versorgen?)

Nicht ein Neuling, auf daß er sich nicht aufblase und dem Lästerer ins Urtheil falle. [158]

dem Gesetze selbst zu dienen; er lehrt nur solche Lehren, die nichts denn Menschengebote sind.

[157] Gegen die damals noch herrschende Vielweiberey gerichtet, wodurch aber nicht gesagt wird, daß jeder Geistliche nothwendig verheyrathet seyn müße, weil solches mit anderen Stellen und Regeln des nämlichen Apostels im Widerspruch seyn würde.

[158] Nicht gar zu jung und unerfahren, damit nicht sein Dünkel ihn lächerlich mache, zu Spott Anlaß gebe, und dadurch der Religion selbst nachtheilig werde.

Er muß aber auch ein gut Zeugniß haben von denen, die draussen sind, auf daß er nicht falle dem Lästerer in die Schmach und Stricke. 159)

Desselbigen gleichen die Diener 160) sollen ehrbar seyn, nicht zweyzüngig, nicht Weinsäufer, nicht unehrliche Handthierung treiben.

Die das Geheimniß des Glaubens in reinem Gewissen haben.

Und dieselbige lasse man zuvor versuchen, darnach lasse man sie dienen, wenn sie unsträflich sind. 161) 1 Timoth. III. 2—10.

Befleißige dich Gott zu erzeigen einen rechtschaffenen und unsträflichen Arbeiter, der da recht theile (mittheile) das Wort der Wahrheit.

159) Seines Wandels halber in gutem Rufe stehen, selbst bey den Heyden oder Ungläubigen (Nicht-Christen), damit sie ihn hochachten müssen, und kein Grund oder Vorwand zur Lästerung gegeben werde.

160) Die Helfer oder untergeordneten Gehülfen; denn ursprünglich hieß Bischof ein jeder Vorsteher einer Gemeinde; worunter man aber nicht unsere jetzigen kleinen Pfarreyen oder Parochien verstehen muß.

161) Man lasse sie prüfen in Lehre und Wandel, wie dieß noch heut zu Tag geschieht, bevor sie zum geistlichen Lehramt zugelassen werden.

Des ungeistlichen losen Geschwätzes enthalte dich, denn es hilft viel zum ungöttlichen Wesen. 162) 2 Timoth. II. 15, 16.

Der Herr kennet die Seinen, und es trete ab von der Ungerechtigkeit wer den Namen Christi nennet. 163) Ebend. v. 19.

162) Das Spotten und nichtswürdige Scherzen über ernsthafte und heilige Dinge, oder auch blos alles unnütze zwecklose Geschwätz ist an Geistlichen unerträglich, macht sie selbst bey den Weltleuten verächtlich und trägt viel zum ungöttlichen Wesen, d. h. zur Verletzung und Vernachläßigung der Pflichten selbst bey. Ein gewißer Ernst ist ihnen wohlanständig. Nicht daß sie finster oder mürrisch seyn, an keinen Gesellschaften oder unschuldigen Freuden Antheil nehmen sollen. Das ist so wenig nöthig, daß es ihnen vielmehr manche Gelegenheit zur Erfüllung ihres Amtes, zu Beybringung oder Erneuerung guter Lehren und Regeln rauben würde. Aber selbst ihre Scherze, ihre munteren, gesellschaftlichen Unterhaltungen sollen immer noch etwas Belehrendes oder Unterrichtendes an sich haben. Sie sollen die Wahrheit in mancherley Formen, bisweilen auch witzig einkleiden: das ist die Politur, die an einem Geistlichen gefällt. Es giebt dergleichen, und die Erfahrung beweist, daß sie allen Menschen angenehm sind.

163) Sich einen Christen, d. h. einen Jünger Christi zu nennen, der Wohlwollen gegen alle Menschen

(Anständige ökonomische Existenz der Geistlichen.) Wer die Schrift lernen soll, der kann keiner andern Arbeit warten, und wen man lehren soll, der muß sonst nichts zu thun haben. Sirach XXXVIII. 25. 164)

Ueberhaupt ist das ganze 38ste Capitel vom 25sten Vers weg, und das 39ste über diesen Gegenstand äußerst merkwürdig zu lesen.

gebietet und doch sich ungerechte Handlungen zu erlauben, oder auch nur stets bey seinem strengen Recht stehen zu bleiben und keine Liebespflichten auszuüben, ist ein offenbarer Widerspruch.

164) Man kann nicht den Wissenschaften obliegen, nicht ein geistliches Lehramt mit Würde und Erfolg treiben, wenn man von ökonomischen Sorgen gedrängt ist und blos für die Erhaltung seines Lebens arbeiten muß. Zur Gelehrsamkeit werden Muße und ein hinreichendes Auskommen erfordert; sie kostet Geld, Zeit, beschwerliche Arbeiten und Aufopferungen, und trägt an und für sich wenig ein; ist mehr anderen nützlich als dem der sie besitzt, daher sie nicht die Sache aller Menschen seyn kann. Dabey hat die Religion kein Ansehen, wenn ihre Lehrer in Armuth, Elend und Niedrigkeit darben müssen, und ein gewisser Wohlstand befördert und begünstiget auch alle uneigennützigen Tugenden, die für den Einfluß ihres Amtes unentbehrlich sind. Da nun nicht jedermann reich ist, und die Reichen nicht allemal

(Kirchen-Gerichtsbarkeit unter den Christen auch in weltlichen Dingen.) Wie darf jemand unter Euch, so er einen Handel hat, mit einem andern hadern vor den Ungerechten und nicht vor den Heiligen. 165)

Wisset Ihr nicht, daß die Heiligen die Welt richten werden? 166) So denn nun die

Lust oder Anlage zu den Wissenschaften besitzen, so müssen diese Einkünfte anderswoher fließen. So ward die Kirche nach und nach von ihren Freunden und Jüngern dotirt. Man wird es vielleicht bald sehen, in welch schrecklichen Verfall die Religion und alle Wissenschaften sinken werden, wenn zu einer Zeit, wo ohnehin alles verarmt und von den Privatpersonen wenig Hülfe zu hoffen ist, zugleich alle Benefizien, gute Pfründen, alle Canonikate, Klöster u. s. w. aufgehoben werden, fast alle nähere Mittheilung und wechselseitige Hülfleistung der Gelehrten unmöglich gemacht wird; wenn ihnen keine ermunternde ehrenvolle Laufbahn mehr geöffnet ist, und besonders die Geistlichen blos zu gleich besoldeten Knechten herabgewürdiget werden, die dieser kärglichen Besoldung nicht einmal sicher sind.

165) Vor den Heyden, unsern Feinden und Verfolgern; nicht vor seinen Mitchristen, deren Einsicht und Gesinnung durch die Lehre Christi geläutert und geheiliget ist.

166) Daß das göttliche Gesetz, dessen Verehrer, Be-

Welt soll von euch gerichtet werden, seyd ihr denn nicht gut genug geringere Sachen zu richten?

Ihr aber, wenn ihr über zeitlichen Gütern Sachen habt, so nehmet ihr die, so bey der Gemeine verachtet sind [167] und setzet sie zu Richtern.

Euch zur Schande muß ich das sagen. Ist so gar kein Weiser unter Euch? Oder doch nicht einer, der da könnte richten zwischen Bruder und Bruder. [168]

Sondern ein Bruder mit dem andern hadert, dazu vor den Ungläubigen. [169] 1 Corinth. VI. 1, 2, 4, 5 und 6.

kenner, Lehrer und Ausleger ihr seyd, sogar über alle Potentaten und die ganze Welt herrschen wird, daß alle ihre Handlungen nach demselben werden beurtheilt und gewürdiget werden.

[167] Fremde, Unwissende, solche, die das göttliche Gesetz der Gerechtigkeit und Liebe nicht im Herzen tragen, die bey der Christen-Gemeinde keiner Achtung genießen.

[168] Zwischen Christen und Christen.

[169] Vor den Heyden, was einem Christen nicht anständig ist. Uebrigens versteht sich, daß diese erste kirchliche Gerichtsbarkeit nur schiedsrichterlich seyn

(Kirchen-Gebet.) So ermahne ich nun, daß man vor allen Dingen zuerst thue Bitte, Gebet, Fürbitte und Danksagung für alle Menschen.

Für die Könige und für alle Obrigkeit, auf daß wir ein geruhiges und stilles Leben

konnte; denn die Christen besaßen damals noch keine Gewalt, um ihre Urtheile gegen allenfalls Widerspenstige zu vollziehen und durchzusetzen. Man vermuthete aber auch von Christen, daß es unter ihnen keine solch widerspenstigen Parteyen gebe, daß sie in ihren Streitigkeiten sich einem höheren gerechten Urtheil fügen werden, so wie überhaupt zu Vollziehung der meisten gerichtlichen Urtheile keine weitere Gewalt erfordert wird. In der Folge haben die Römischen Kayser und andere Fürsten, den Bischöffen und christlichen Gemeinden eine förmliche Gerichtsbarkeit unter ihren Mitgliedern und über gewiße Gegenstände eingeräumt, ihnen zu Ausführung derselben ihre eigene Macht zugesichert, und es ist gar kein Grund einzusehen, warum dieses nicht fortdayren könnte, da sie nach der Natur ihres Amtes mehr zur Beförderung des Friedens geneigt sind, und z. B. die Matrimonial-Sachen von geistlichen Richtern viel zarter, religioser und moralischer als von weltlichen Richtern behandelt werden.

führen mögen, 170) in aller Gottseligkeit und Ehrbarkeit. 171)

Denn solches ist gut, dazu auch angenehm vor Gott, unserm Heilande. 172) 1 Timoth. II. 1 — 3.

Kirchen-Regiment. (Ausstoßung von der Gemeinde.) Gott aber wird, die draußen sind, richten. 173) Thut von euch selbst hinaus, wer da böse ist. 174) Corinth. V. 13.

170) Auf daß wir nicht nur von ihnen (den Königen) selbst in Ruhe gelassen, sondern auch durch sie gegen allfällige fremde Beleidigungen geschützt und geschirmet werden.

171) Mit innerer Frömmigkeit oder Gewissenhaftigkeit, wie auch mit äußerer Ehre und Anstand.

172) Nützlich für uns und dazu auch Pflicht nach dem göttlichen Gesetz.

173) Die Handlungen der Ungläubigen, der Heyden beurtheilen, derjenigen die nicht Mitglieder Eurer Gesellschaft sind. Ueber sie habt ihr keine Gewalt.

174) Schließet die Unwürdigen, die Treulosen von Eurer Gesellschaft aus. Solche Sönderung belebt das Ehrgefühl der übrigen Glaubensgenossen, knüpfet sie desto fester an einander und erwirbt ihr auch Achtung von Auswärtigen. Denn schlechte, nichtswürdige Mitglieder werfen einen Schandfleck auf die ganze Gesellschaft und machen sie verächtlich. Ich gestehe, daß ich mir nicht zu

H

Einen kezerischen Menschen meide, wenn er einmal und abermal vermahnet ist. 175) Tit. III. 10.

erklären weiß, wie man die Excommunication an und für sich (ohne Mißbrauch) tadeln kann, so lang man noch eine christliche Kirche und christliche Gemeinden haben will.

175) Freundschaft mit Menschen von ganz entgegengesetzten Grundsätzen und Gesinnungen, zumal in den Hauptbegriffen über Gutes und Böses, über Recht und Unrecht, ist schlechterdings unmöglich und wider die Natur. Kein Potentat auf dem Erdboden kann sie befehlen oder erzwingen. Also um nicht immer in Hader und Zank zu leben, bleibt nichts anders übrig, als solche Leute zu meiden, sich von ihnen gänzlich zu trennen, mit ihnen in gar keine Berührung zu kommen, jedoch nicht eher als nachdem man vergeblich versucht hat, sie eines Besseren zu belehren. Diese Sönderung, zumal in dem gelehrten Stand, ist auch das beßte Mittel, um den Bekennern des Guten und Wahren den Sieg zu erleichtern und ihnen die Achtung der Welt zu erhalten, welche sie gänzlich verlieren, wenn sie sich mit den Fürsprechern des Falschen und Bösen vermischen und folglich mit ihnen verwechselt werden. Die wahren und gründlichen Gelehrten unserer Zeit, diejenigen, die das Verderbniß der Wissenschaft bedauerten und an dem Unglück der Welt unschuldig sind, haben zu ihrem eigenen

(Klugheit der Geistlichen gegen weltliche, besonders ungläubige Fürsten.) Wandelt weislich gegen die, die draußen sind, und schicket Euch in die Zeit. 176) Coloss. III. 5.

Schaden sehr gegen diese Klugheits-Regel gefehlt. Hätten sie untereinander zusammen gehalten und sich von den Uebrigen, vergeblich Ermahnten, öffentlich getrennt: nie wäre der gelehrte Stand in diejenige Verachtung oder Geringschätzung versunken, unter deren er jetzt schmachtet. Der Unterschied zwischen wahren und falschen Gelehrten, zwischen rechtschaffenen, einsichtsvollen, kenntnißreichen Männern, und zwischen herz- und geistlosen Sophisten muß nicht nur den Weisesten zu fassen möglich, sondern auch den Layen sichtbar und äußerlich erkennbar seyn, damit die Unerfahrnen aber Gutgesinnten wenigstens wissen, an wen sie sich anschließen sollen, zwischen wem sie zu wählen haben.

176) Seyd klug in Euerem Benehmen gegen die Ungläubigen oder Nicht-Christen, besonders gegen die Mächtigen. Suchet nicht alles durchzusetzen was vor der Hand nicht möglich ist, sondern bewahret den guten Geist unter Euch, richtet Euch dabey nach den Umständen und erwartet bessere Zeiten. Gebet nach in außerwesentlichen Dingen, welche die Religion an sich nicht berühren und mit den Geboten Gottes bestehen können. Mischet Euch nicht ohne Noth in fremde Händel. Lebet friedlich und freundschaftlich mit den Für-

sten und Mächtigen; suchet selbst ihre erlaubten und gerechten Absichten, mittelst des Einflußes auf die Gemüther, zu begünstigen, gleichwie man ja dieses auch anderen Menschen schuldig ist, auf daß aller Argwohn gegen Euch verschwinde. Trachtet auch hier vor allem nach dem Reich Gottes, nach der ungehinderten Verbreitung und Befestigung der Religion in den Gemüthern: so wird alles übrige, was Ihr nur wünschen könnet, nach und nach von selbst folgen.